SV

Band 99 der Bibliothek Suhrkamp

Pablo Neruda

Gedichte

Spanisch und deutsch
Übertragung und Nachwort
von Erich Arendt

Suhrkamp Verlag

23. Auflage 2021
Erste Auflage 1963
© Suhrkamp Verlag Frankfurt am Main 1963
Alle Rechte vorbehalten, insbesondere das
des öffentlichen Vortrags sowie der Übertragung
durch Rundfunk und Fernsehen, auch einzelner Teile.
Kein Teil des Werkes darf in irgendeiner Form
(durch Fotografie, Mikrofilm oder andere Verfahren)
ohne schriftliche Genehmigung des Verlages reproduziert
oder unter Verwendung elektronischer Systeme
verarbeitet, vervielfältigt oder verbreitet werden.
Druck: Pustet, Regensburg
Printed in Germany
ISBN 978-3-518-01099-0

Pablo Neruda   Gedichte

Inclinado en las tardes

Inclinado en las tardes tiro mis tristes redes
a tus ojos oceánicos.

Allí se estira y arde en la más alta hoguera
mi soledad que da vueltas los brazos como un náufrago.

Hago rojas señales sobre tus ojos ausentes
que olean como el mar a la orilla de un faro.

Sólo guradas tinieblas, hembra distante y mía,
de tu mirada emerge a veces la costa del espanto.

Inclinado en las tardes echo mis tristes redes
a ese mar que sacude tus ojos oceánicos.

Los pájaros nocturnos picotean las primeras estrellas
que centellean como mi alma cuando te amo.

Galopa la noche en su yegua sombría
desparramando espigas azules sobre el campo.

In die Abende geneigt

In die Abende geneigt, ich werfe meiner Schwermut Netze
     aus
nach deinen ozeanischen Augen.

Dort im höchsten Feuer dehnt sich meine Einsamkeit
     und brennt,
die um sich schlägt, einem Schiffbrüchigen gleich.

Ich sende rote Signale über deine abwesenden Augen,
die wie das Meer an eines Leuchtturms Ufer wogen.

Du aber hütest einzig Finsternisse, Frau, so fern und mein.
Zuweilen taucht aus deinem Blick die Küste des Erschreckens.

In die Abende geneigt, ich werfe meiner Schwermut Netze
     aus
in dieses Meer, das deine ozeanischen Augen berennt.

Die Vögel der Nacht picken die ersten Sterne auf,
die wie meine Seele, wenn ich dich liebe, funkeln.

Blaue Ähren übers offene Feld verstreuend,
auf düstrer Stute galoppiert die Nacht.

He ido marcando con cruces de fuego

He ido marcando con cruces de fuego
el atlas blanco de tu cuerpo.
Mi boca era una araña que cruzaba escondiéndose.
En ti, detrás de ti, temerosa, sedienta.

Historias que contarte a la orilla del crepúsculo
muñeca triste y dulce, para que no estuvieras triste.
Un cisne, un árbol, algo lejano y alegre.
El tiempo de las uvas, el tiempo maduro y frutal.

Yo que viví en un puerto desde donde te amaba.
La soledad cruzada de sueño y de silencio.
Acorralado entre el mar y la tristeza.
Callado, delirante, entre dos gondoleros inmóviles.

Entre los labios y la voz, algo se va muriendo.
Algo con alas de pájaro, algo de angustia y de olvido.
Así como las redes no retienen el agua.
Muñeca mía, apenas quedan gotas temblando.
Sin embargo algo canta entre estas palabras fugaces.
Algo canta, algo sube hasta mi ávida boca.
Oh poder celebrarte con todas las palabras de alegría.
Cantar, arder, huir, como un campanario en las manos de un
        loco.

Ich habe mit Kreuzen von Feuer

Ich habe mit Kreuzen von Feuer
deines Leibes weißen Atlas gezeichnet.
Mein Mund war eine Spinne, die, sich verbergend, dahinlief.
In dir, hinter dir, furchtsam und dürstend.

Ich könnte dir am Ufer der Dämmerung, Liebling
süß und traurig, Geschichten erzählen, damit du nicht
        traurig bist:
Ein Schwan, ein Baum, etwas Fernes und Frohes.
Die Zeit der Trauben, die Zeit, gereift und früchteschwer.

Der ich in einem Hafen lebte, ich liebte dich von dorther.
Einsamkeit, von Traum durchwirkt und Schweigen.
Eingezwängt zwischen Meer und Traurigkeit.
Stumm, von Wahn befallen, zwischen zwei Barkenführern,
        die nie sich rührten.

Etwas zwischen Lippe und Stimme stirbt dahin.
Etwas mit Vogelschwingen, etwas aus Qual und Vergessen.
So, wie die Netze nicht das Wasser halten können.
Geliebte, kaum zitternde Tropfen bleiben zurück.
Und dennoch, etwas singt in diesen flüchtigen Worten.
Irgend etwas singt und steigt bis in meinen gierigen Mund.
Ach, dich rühmen können mit allen Worten der Freude!
Singen, erglühen, entrinnen wie ein Glockenturm in eines
        Narren Hand.

Triste ternura mía, qué te haces de repente?
Cuando he llegado al vértice más atrevido y frío
mi corazón se cierra como una flor nocturna.

Du meine traurige Liebe, was ist dir auf einmal?
Habe ich einmal den eisigen und verwegensten Gipfel
     erklommen,
schließt sich wie eine nächtliche Blüte mein Herz.

Sonata y destrucciones

Después de mucho, después de vagas leguas,
confuso de dominios, incierto de territorios,
acompañado de pobres esperanzas
y compañías infieles y desconfiados sueños,
amo lo tenaz que aún sobrevive en mis ojos,
oigo en mi corazón mis pasos de jinete,
muerdo el fuego dormido y la sal arruinada,
y de noche, de atmósfera oscura y luto prófugo,
aquel que vela a la orilla de los campamentos,
el viajero armado de estériles resistencias,
detenido entre sombras que crecen y alas que tiemblan,
me siento ser, y mi brazo de piedra me defiende.

Hay entre ciencias de llanto un altar confuso,
y en mi sesión de atardeceres sin perfume,
en mis abandonados dormitorios donde habita la luna,
y arañas de mi propiedad, y destrucciones que me son
      queridas,
adoro mi propio ser perdido, mi substancia imperfecta,
mi golpe de plata y mi pérdida eterna.
Ardió la uva húmeda, y su agua funeral
aún vacila, aún reside,

Sonate und Zerstörungen

Nach so vielem, nach unsteten Meilen,
von Gewalten verwirrt, unsicher von Gebieten,
begleitet von nichtigen Hoffnungen
und treulosen Gefährten, argwöhnischen Träumen,
liebe ich, was widersteht und noch immer weiterlebt in
      meinen Augen,
ich hör in meinem Herzen meinen Reiterschritt,
beiße in das schlummernde Feuer und das verdorbene Salz,
und nachts, in atmosphärischem Dunkel und flüchtiger
      Trauer,
bin ich jener, der am Rand der Feldlager wacht,
der mit leeren Widerständen gewappnete Reisende,
gefangen zwischen wachsenden Schatten und Schwingen,
      die zittern,
fühl ich mich da sein, und mein Arm aus Stein beschützt mich.

In der Wissenschaft der Tränen gibt es einen dunklen Altar,
und bei meiner Zusammenkunft mit duftlosen Dämmerungen,
in meinen verödeten Schlafgemächern, in denen der Mond
      haust
und Spinnen meines Besitztums und mir liebgewordene
      Verheerungen,
bete ich mein eigenes verlorenes Wesen an, mein
      unvollkommenes Sein,
meinen silbernen Pulsschlag und meine ewige Verdammnis.
Es hat die feuchte Traube geglüht, und ihr düsteres Wasser
schwankt noch immer, ist noch immer da

y el patrimonio estéril, y el domicilio traidor.
Quién hizo ceremonia de cenizas?

Quién amó lo perdido, quién protegió lo último?
El hueso del padre, la madera del buque muerto,
y su propio final, su misma huída,
su fuerza triste, su dios miserable?

Acecho, pues, lo inanimado y lo doliente,
y el testimonio extraño que sostengo,
con eficiencia cruel y escrito en cenizas,
es la forma de olvido que prefiero,
el nombre que doy a la tierra, el valor de mis sueños,
la cantidad interminable que divido
con mis ojos de invierno, durante cada día de este mundo.

und das sterile Erbe und die verräterische Wohnstatt.
Wer noch schuf Kulte der Asche?

Wer liebte das Verlorene, wer schützte das äußerst Letzte?
Die Gebeine des Vaters, des toten Schiffes Holz
und sein eigenes Ende, seine selbige Flucht,
seine klägliche Kraft und seinen elenden Gott?

So also lausche ich nach dem Unbeseelten und dem
        Schmerzlichen,
und das befremdliche Zeugnis, das ich in mir nähre
mit grausamem, in Asche geschriebenem Erfolg,
ist die Form des Vergessens, der ich den Vorrang gebe,
der Name, den ich der Erde verleihe, der Sinn meiner
        Träume,
die unendliche Größe, die ich teile,
winterlichen Auges, an jedem Tag dieser Welt.

Caballero solo

Los jóvenes homosexuales y las muchachas amorosas,
y las largas viudas que sufren el delirante insomnio,
y las jóvenes señoras preñadas hace treinta horas,
y los roncos gatos que cruzan mi jardín en tinieblas,
como un collar de palpitantes ostras sexuales
rodean mi residencia solitarias,
como enemigos establecidos contra mi alma,
como conspiradores en el traje de dormitorio
que cambiaran largos besos espesos por condigna.

El radiente verano conduce a los enamorados
enuniformes regimientos melancólicos,
hechos de gordas y flacas y alegres y tristes parejas:
bajo los elegantes cocoteros, junto al océano y la luna,
hay una continua vida de pantalones y polleras,
un rumor de medias de seda acariciadas,
y senos femeninos que brillan como ojos.

El pequeño empleado, después de mucho,
después del tedio semanal, y las novelas leídas de noche en
    cama,
ha definitivamente seducido a su vecina,
y la lleva y los miserables cinematógrafos

Einsamer Herr

Die jungen Homosexuellen und die verliebten Mädchen
und die langjährigen Witwen, die an Schlaflosigkeit leiden,
und die jungen, vor dreißig Stunden geschwängerten Damen
und die heiseren Kater, die im Dunkeln meinen Garten
     durchstreifen,
sie umringen wie ein Geschmeide
aus zuckenden sexuellen Austern mein einsames Haus,
als eingesetzte Feinde meiner Seele,
als Verschwörer im Schlafanzug,
die als Erkennungszeichen lange dicklippige Küsse tauschen.

Der strahlende Sommer macht aus den Verliebten
einförmige melancholische Regimenter,
die aus feisten und schmächtigen, frohen und traurigen
     Paaren bestehen:
nah dem Ozean und dem Mond ist unter den eleganten
     Kokospalmen
ein unaufhörliches Leben und Treiben von Hosen und
     Unterröcken,
ein Geräusch von gestreichelten Seidenstrümpfen
und weiblichen Brüsten, die wie Augen glänzen.

Der kleine Angestellte hat nach so manchem,
nach der wöchentlichen Öde und den des Nachts im Bett
     gelesenen Romanen
endlich seine Nachbarin verführt,
und er führt sie aus in die armseligen Kinos,

donde los héroes son potros y príncipes apasionados,
y acaricia sus piernas llenas de dulce vello
con sus ardientes y humedas manos que huelen a cigarillo.

Los atardeceres del seductor y las noches de los esposos
se unen como dos sábanas sepultándome,
y las horas después del almuerzo en que los jóvenes
        estudiantes
y las jóvenes estudiantes, y los sacerdotes se masturban,
y los animales fornican directamente,
y las abejas huelen a sangrem y las moscas zumban coléricas,
y los primos juegan extrañamente con sus primas,
y los médicos miran con furia al marido de la joven paciente,
y las horas de la mañana en que el profesor, como por
        descuido,
cumple con su deber conyugal y desayuna,
y más aún, los adúlteros, que se aman con verdadero amor
sobre lechos altos y largos como embarcaciones:
seguramente, eternamente me rodea
este gran bosque respiratorio y enredado
con grandes flores como bocas y dentaduras
y negras raíces en forma de uñas y zapatos.

wo die Helden Fohlen sind oder leidenschaftliche Prinzen,
und er streichelt ihre ganz mit süßem Flaum bedeckten
     Schenkel
mit feuchtheißen Händen, die nach Zigaretten riechen.

Die Abenddämmerungen des Verführers und die Nächte der
     Ehegatten
fügen sich wie zwei Laken zusammen, die mich begraben,
und die Stunden nach dem Frühstück, wenn die jungen
     Studenten
und die jungen Studentinnen und die Priester onanieren,
die Tiere sich geil bespringen,
die Bienen nach Blut riechen und die Fliegen zornig summen
und die Vettern mit ihren Basen seltsame Spielchen treiben
und die Ärzte den Ehemann der jungen Patientin wütend
     anstarren,
und die Morgenstunden, in denen der Professor, wie aus
     Versehen,
seinen Ehepflichten nachkommt und frühstückt,
und dann noch die Ehebrecher, die sich mit wahrer
     Leidenschaft lieben,
auf Betten lang und hoch wie Schiffe:
sicher und ewig umgibt mich
dieser große ineinanderverflochtene atmende Wald
mit Blumen groß wie Münder und Gebisse
und schwarzen Wurzeln in Gestalt von Zehennägeln und
     Schuhen.

El fantasma del buque de carga

Distancia refugiada sobre tubos de espuma,
sal en rituales olas y órdenes definidos,
y un olor y rumor de buque viejo,
de podridas maderas y hierros averiados,
y fatigadas máquinas que aúllan y lloran
empujando la proa, pateando los costados,
mascando lamentos, tragando y tragando distancias,
haciendo un ruido de agrias aguas sobre las agrias aguas,
moviendo el viejo buque sobre las viejas aguas.

Bodegas interiores, túneles crepusculares
que el día intermitente de los puertos visita:
sacos, sacos que un dios sombrío ha acumulado
como animales grises, redondos y sin ojos,
con dulces orejas grises,
y vientres estimables llenos de trigo o copra,
sensitivas barrigas de mujeres encinta,
pobremente vestidas de gris, pacientemente
esperando en la sombra de un doloroso cine.

Las aguas exteriores de repente
se oyen pasar, corriendo como un caballo opaco,
con un ruido de pies de caballo en el agua,
rápidas, sumergiéndose otra vez en las aguas.
Nada más hay entonces que el tiempo en las cabinas:
el tiempo en el desventurado comedor solitario,

Das Gespenst des Frachtschiffs

Entfernung, geflüchtet auf Rollen Schaums,
Salz in rituellen Wogen und nach bestimmten Regeln,
und ein Geräusch, ein Ruch nach altem Schiff,
nach fauligen Hölzern und verrottetem Eisen
und müden Maschinen, die winseln und weinen,
den Bug vorwärtsstoßen, gegen die Flanken stampfen,
den Jammer zerkauen, Entfernungen schlucken und schlucken,
Lärm bitteren Wassers auf den bitteren Wassern
     hervorbringen
und das alte Schiff über die alten Wasser treiben.

Laderäume innen und dämmrige Stollen,
deren Dunkel nur der Tag der Häfen unterbricht:
Säcke und Säcke, die eine finstere Gottheit gehäuft
wie graue rundliche Tiere ohne Augen
mit sanften grauen Ohren
und beachtlichen Bäuchen voller Kopra und Korn,
empfindsame Leiber schwangerer Frauen,
die, ärmlich in Grau gekleidet, geduldig
im Dunkel warten auf einen schmerzlichen Film.

Auf einmal hört man außen
die Wasser vorübersprengen wie ein durchscheinendes Pferd,
wie Lärm von Pferdefüßen im Wasser,
reißend schnell und wieder verschluckt von den Fluten.
Und dann wieder nichts als die Zeit in den Kojen:
unbeweglich und sichtbar wie ein großes Mißgeschick

inmóvil y visible como una gran desgracia.
Olor de cuero y tela densamente gastados,
y cebollas, y aceite, aún más,
olor de alguien flotando en los rincones del buque,
olor de alguien sin nombre
que baja como una ola de aire de escalas,
y cruza corredores con su cuerpo ausente,
y observa con sus ojos que la muerte preserva.

Observa con sus ojos sin color, sin mirada,
lento, y pasa temblando, sin presencia ni sombra:
los sonidos lo arrugan, las cosas lo traspasan,
su transparencia hace brillar las sillas sucias.
Quién es ese fantasma sin cuerpo de fantasma,
con sus pasos livianos como harina nocturna
y su voz que sólo las cosas patrocinan?

Los muebles viajan llenos de su ser silencioso
como pequeños barcos dentro del viejo barco,
cargados de su ser desvanecido y vago:
los roperos, las verdes carpetas de las mesas,
el color de las cortinas y del suelo,

die Zeit in dem öden unglückseligen Speisesaal.
Geruch nach völlig verbrauchtem Leder und Stoffen
und Zwiebeln und Öl und mehr noch,
Geruch von jemand, der in den Winkeln des Schiffes
umherschwebt,
von jemand Namenlosem,
der wie eine Woge Luft die Treppe herabkommt
und mit abwesendem Leib durch die Gänge streift
und mit Augen umherspäht, die der Tod gewissentlich
bewahrt.

Er schaut mit seinen farblosen blicklosen Augen
langsam umher und geht ohne Schatten, ohne Gegenwart
bebend vorbei:
die Geräusche zerknittern ihn, die Dinge gehen durch ihn
hindurch
und die schmutzigen Stühle glänzen von seiner Transparenz.
Wer ist dieses Gespenst ohne Gespensterleib
mit Schritten leicht wie nächtliches Mehl
und einer Stimme, die nur durch die Dinge selber spricht?

Erfüllt von ihrem eigenen stummen Dasein, reisen die Möbel
wie winzige Kähne in dem alten großen Kahn,
mit ihrem vagen und eitlen Dasein befrachtet:
die Kleiderschränke, die grünen Tischbezüge,
die Farbe der Gardinen und des Bodens,

todo ha sufrido el lento vacío de sus manos,
y su respiración ha gastado las cosas.

Se desliza y resbala, desciende, transparente,
aire en el aire frío que corre sobre el buque,
con sus manos ocultas se apoya en las barandas
y mira el mar amargo que huye detrás del buque.
Solamente las aguas rechazan su influencia,
su color y su olor de olvidado fantasma,
y frescas y profundas desarrollan su baile
como vidas de fuego, como sangre o perfume,
nuevas y fuertes surgen, unidas y reunidas.

Sin gastarse las aguas, sin costumbre ni tiempo,
verdes de cantidad, eficaces y frías,
tocan el negro estómago del buque y su materia
lavan, sus costras rotas, sus arrugas de hierro:
roen las aguas vivas la cáscara del buque,
traficando sus largas banderas de espuma
y sus dientes de sal volando en gotas.

Mira el mar el fantasma con su rostro sin ojos:
el círculo del día, la tos del buque, un pájaro
en la ecuación redonda y sola del espacio,

alles hat die weiche Leere seiner Hände erlitten,
und sein Atem hat die Dinge verbraucht.

Er schleift und gleitet vorüber, steigt hinunter, durchsichtig,
Luft in der kalten Luft, die über das Schiff streicht,
er stützt sich mit seinen verborgenen Händen auf die Reling
und starrt auf das bittere Meer, das hinter dem Schiff entflieht.
Nur die Wasser weisen seine Macht,
seine Farbe zurück und seinen Ruch nach vergessenem
       Gespenst,
und kühl und abgrundtief entfalten sie ihren Tanz
wie Wesen aus Feuer, wie Blut oder Duft
und sprudeln neu und stark hervor, einig und immer wieder
       vereint.

Ohne je sich zu verbrauchen, ohne Gewohnheit, ohne Zeit,
schlagen sie, in Massen grün, wirksam und kalt,
gegen den schwarzen Magen des Schiffs und waschen
seine Materie, seine rissige Schale, seine eisernen Runzeln:
im Wechsel ihrer langen Schaumfahnen zernagen
die Wasser, die ihre Zähne aus Salz
in Tropfen auffliegen lassen, die Rinde des Schiffs.

Es blickt mit seinem augenlosen Gesicht das Gespenst aufs
       Meer:
der Kreislauf des Tages, der Husten des Schiffs, ein Vogel
in der runden und einsamen Gleichung des Raumes,

y desciende de nuevo a la vida del buque
cayendo sobre el tiempo muerto y la madera,
resbalando en las negras cocinas y cabinas,
lento de aire y atmósfera y desolado espacio.

und von neuem steigt es hinab zum Leben des Schiffs,
fällt auf die tote Zeit und das Holz,
gleitet in die schwarzen Küchen und Kojen,
müde von Luft und Umgebung und trostlosem Raum.

Tango del viudo

Oh Maligna, ya habrás hallado la carta, ya habrás llorado
de furia,
y habrás insultado el recuerdo de mi madre
llamándola perra podrida y madre de perros,
ya habrás bebido sola, solitaria, el té del atardecer
mirando mis viejos zapatos vacíos para siempre
y ya no podrás recordar mis enfermedades, mis sueños
nocturnos, mis comidas,
sin maldecirme en voz alta como si estuviera allí aún
quejándome del trópico de los coolíes corringhis,
de las venenosas fiebres que me hicieron tanto daño
y de los espantosos ingleses que odio todavía.

Maligna, la verdad, qué noche tan grande, qué tierra tan sola!
He llegado otra vez a los dormitorios solitarios,
a almorzar en los restaurantes comida fría, y otra vez
tiro al suelo los pantalones y las camisas,
no hay perchas en mi habitación, ni retratos de nadie en las
paredes.
Cuánta sombra de la que hay en mi alma daría por recobrarte,

Der Tango des Witwers

O Boshafte, nun wirst du den Brief gefunden haben, nun
    wirst du schon geheult haben vor Wut
und wirst die Erinnerung an meine Mutter besudelt haben,
sie eine verkommene Hündin und Mutter von Hunden
    nennend,
nun wirst du, verlassen, mutterseelenalleine, den Tee der
    Dämmerung bereits getrunken haben,
den Blick auf meine alten, für immer leeren Schuhe,
und wirst dich schon nicht mehr meiner Krankheiten
    erinnern können, meiner nächtlichen Träume, meiner
    Mahlzeiten,
ohne mich mit lauter Stimme zu beschimpfen, als wäre ich
    noch da
und beklagte mich über die Tropen, die Corringhi-Kulis,
die giftigen Fieber, die mich so zugerichtet,
und über die schrecklichen Engländer, die ich noch immer
    hasse.

Boshafte, in Wahrheit aber, wie groß ist die Nacht, wie
    einsam die Erde!
Ich bin wieder in die verödeten Schlafzimmer geraten,
habe in Restaurants kaltes Essen zu mir genommen,
    und wieder werfe ich Hemd und Hosen auf die Erde,
es gibt keine Kleiderhaken in meinem Zimmer, kein Bildnis
    von irgendwem an den Wänden.
Wieviel von dem Schatten, der in meiner Seele ist, gäbe ich
    her, um dich wieder zu haben,

y qué amenazadores me parecen los nombres de los meses,
y la palabra invierno qué sonido de tambor lúgubre tiene.

Enterrado junto al cocotero hallarás más tarde
el cuchillo que escondí allí por temor de que me mataras,
y ahora repentinamente quisiera oler su acero de cocina
acostumbrado al peso de tu mano y al brillo de tu pie:
bajo la humedad de la tierra, entre las sordas raíces,
de los lenguajes humanos el pobre sólo sabría tu nombre,
y la espesa tierra no comprende tu nombre
hecho de impenetrables substancias divinas.

Así como me aflige pensar en el claro día de tus piernas
recostadas como detenidas y duras aguas solares,
y la golondrina que durmiendo y volando vive en tus ojos,
y el perro de furia que asilas en el corazón,
así también veo las muertes que están entre nosotros desde
        ahora,
y respiro en el aire la ceniza y lo destruído,
el largo, solitario espacio que me rodea para siempre.

und wie bedrohlich scheinen mir die Namen der Monate,
und das Wort Winter, welch unheilkündenden
Trommelklang hat es.

Später wirst du neben der Kokospalme das Messer
vergraben finden,
das ich dort verbarg, aus Angst, du könntest mich umbringen,
und nun möchte ich auf einmal seinen Küchenstahl riechen,
der an das Gewicht deiner Hand gewohnt war und den
Schimmer deines Fußes:
in der Nässe der Erde, zwischen den dumpfen Wurzeln
wird das arme Ding von allen menschlichen Sprachen einzig
deinen Namen wissen,
und das schwere Erdreich begreift deinen Namen nicht,
der aus göttlichen Substanzen erschaffen, unergründlichen.

So wie es mich traurig macht, am hellen Tag deiner Schenkel
zu denken,
die sich wie gestautes hartes Sonnenwasser zum Schlafe
strecken,
und der Schwalbe, die in deinen Augen schwebend und
schlummernd lebt,
und des tollwütigen Hundes, den du in deinem Herzen birgst,
so auch sehe ich die Tode all, die von dieser Stunde an
zwischen uns liegen,
und ich atme in der Luft die Asche und das Zerstörte,
den ungeheuren einsamen Raum, der mich umgibt für immer.

Daría este viento del mar gigante por tu brusca respiración
oída en largas noches sin mezcla de olvido,
uniéndose a la atmósfera como el látigo a la piel del caballo.
Y por oírte orinar, en la oscuridad, en el fondo de la casa,
como vertiendo una miel delgada, trémula, argentina,
          obstinada,
cuántas veces entregaría este coro de sombras que poseo,
y el ruido de espadas inútiles que se oye en mi alma,
y la paloma de sangre que está solitaria en mi frente
llamando cosas desaparecidas, seres desaparecidos,
substancias extrañamente inseparables y perdidas.

Ich gäbe gern das Wehen dieses gewaltigen Meeres her für
    deinen hastigen Atem,
in langen Nächten vernommen, frei von Vergessen,
der sich der Luft verhaftet wie die Peitsche des Pferdes Fell.
Und um dich harnen zu hören in der Dunkelheit hinten im
    Haus,
als würde ein dünner zitternder hartschlägiger silberner
    Honig verschüttet,
wieviel Mal würde ich diesen Schattenchor hergeben, der zu
    mir gehört,
und das Klirren nutzloser Degen, das man in meiner Seele
    vernimmt,
und die Taube aus Blut, die einsam in meiner Stirne lebt,
entschwundene Dinge beschwörend, entschwundene Wesen,
Substanzen, seltsam untrennbar und verloren.

Sólo la muerte

Hay cementerios solos,
tumbas llenas de huesos sin sonido,
el corazón pasando un túnel
oscuro, oscuro, oscuro,
como un naufragio hacia adentro nos morimos,
como ahogarnos en el corazón,
como irnos cayendo desde la piel al alma.

Hay cadáveres,
hay pies de pegajos losa fría,
hay la muerte en los huesos,
como un sonido puro,
como un ladrido sin perro,
saliendo de ciertas campanas, de ciertas tumbas
creciendo en la humedad como el llanto o la lluvia.

Yo veo, solo, a veces,
ataúdes a vela
zarpar con difuntos pálidos, con mujeres de trenzas muertas,
con panaderos blancos como ángeles,
con niñas pensativas casadas con notarios,
ataúdes subiendo el río vertical de los muertos,
el río morado,
hacia arriba, con las velas hinchadas por el sonido de la muerte,
hinchadas por el sonido silencioso de la muerte.

Nur der Tod

Sind verlassene Totenäcker,
Gräber voll von lautlosen Knochen,
und das Herz durchschreitet einen Stollen,
dunkel, dunkel, dunkel;
wie ein Schiffsuntergang sterben wir dem Innern zu,
als ertränken wir in unserem Herzen,
als stürzten wir von der Haut hinab in die Seele.

Leichen sind,
Füße aus kaltem klebrigen Grabstein sind,
der Tod west in den Knochen,
wie reiner Laut,
wie ein Gebell ohne Hund,
so kommt er aus manchen Glocken, aus manchen Gräbern
        hervor,
so schwillt er in der Feuchte an wie die Träne, wie der Regen.

Alleingelassen, sehe ich zuweilen
Särge unter Segeln
die Anker lichten mit bleichen Toten, Frauen mit
        gestorbenen Zöpfen,
mit Bäckern, wie Engel weiß,
mit jungen grüblerischen Mädchen, verehelicht mit Notaren,
Särge, die den vertikalen Strom der Toten aufwärts fahren,
den maulbeerfarbenen Strom,
hinan, die Segel gebläht vom Klang des Todes,
vom stummen Klang des Todes gebläht.

A lo sonoro llega la muerte
como un zapato sin pie, como un traje sin hombre,
llega a golpear con un anillo sin piedra y sin dedo,
llega a gritar sin boca, sin lengua, sin garganta,
Sin embargo sus pasos suenan
y su vestido suena, callado, como un árbol.

Yo no sé, yo conozco poco, yo apenas veo,
pero creo que su canto tiene color de violetas húmedas,
de violetas acostumbradas a la tierra,
porque la cara de la muerte es verde,
y la mirada de la muerte es verde,
con la aguda humedad de una hoja de violeta
y su grave color de invierno exasperado.

Pero la muerte va también por el mundo vestida de escoba,
lame el suelo buscando difuntos,
la muerte está en la escoba,
es la lengua de la muerte buscando muertos,
es la aguja de la muerte buscando hilo.

La muerte está en los catres:
en los colchones lentos, en las frazadas negras
vive tendida, y de repente sopla:
sopla un sonido oscuro que hincha sábanas,
y hay camas navegando a un puerto
en donde está esperando, vestida de almirante.

Der Tod rührt an das Klingende
wie ein Schuh ohne Fuß, wie ein Kleid ohne Mann,
er kommt und pocht mit einem Ring ohne Stein, ohne Finger,
er kommt und schreit ohne Mund, ohne Zunge, ohne Kehle.
Dennoch hallen seine Schritte,
und stumm wie ein Baum rauscht sein Gewand.

Ich weiß nicht, ich kenne wenig, ich durchschaue kaum,
aber ich glaube, sein Sang hat die Farbe von nassen Veilchen,
von Veilchen, die an die Erde gewöhnt sind;
denn das Antlitz des Todes ist grün
und der Blick des Todes ist grün,
von eines Veilchenblattes ätzender Feuchte,
und düster seine Farbe eines erbitterten Winters.

Aber der Tod geht auch als Besen gekleidet durch die Welt,
nach Toten suchend, leckt er über die Erde hin,
der Tod lebt in dem Besen,
das ist des Todes Zunge, die nach Toten sucht,
das ist des Todes Nadel auf der Suche nach Garn.

In den Feldbetten haust der Tod:
in den weichen Matratzen, in den schwarzwollenen Decken
lebt er und reckt sich, und auf einmal haucht er:
haucht ein dunkler Laut, der die Laken bläht,
und die Betten schwimmen auf einen Hafen zu,
wo er steht und wartet, im Rock eines Admirals.

Walking around

Sucede que me canso de ser hombre.
Sucede que entro en las sastrerías y en los cines
marchito, impenetrable, como un cisne de fieltro
navegando en un agua de origen y ceniza.

El olor de las peluquerías me hace llorar a gritos.
Sólo quiero un descanso de piedras o de lana,
sólo quiero no ver establecimientos ni jardines,
ni mercaderías, ni anteojos, ni ascensores.

Sucede que me canso de mis pies y mis uñas
y mi pelo y mi sombra.
Sucede que me canso de ser hombre.

Sin embargo sería delicioso
asustar a un notario con un lirio cortado
o dar muerte a una monja con un golpe de oreja.
Sería bello
ir por las calles con un cuchillo verde
y dando gritos hasta morir de frío.

No quiero seguir siendo raíz en las tinieblas,
vacilante, extendido, tiritando de sueño,
hacia abajo, en las tapias mojadas de la tierra,
absorbiendo y pensando, comiendo cada día.

Walking around

Wie ich es müde bin, Mensch zu sein!
Ich trete in Schneiderstuben, in Kinos,
schlapp und undurchdringlich wie ein Schwan aus Filz,
der auf einem Wasser von Ursprung und Asche treibt.

Der Geruch der Frisiersalons läßt mich laut aufweinen.
Ich möchte nichts weiter als Ruhe haben vor Steinen oder
        Wolle,
ich will keine Verordnungen, keine Gärten mehr sehen,
keine Waren, keine Brillen, keine Fahrstühle.

Wie ich überdrüssig meiner Füße und Nägel bin,
und meines Haars und meines Schattens!
Ich bin es müde, ein Mensch zu sein.

Dennoch wäre es köstlich,
einen Notar mit einer ausgerauften Lilie zu erschrecken
oder eine Nonne mit einer Ohrfeige umzubringen.
Es wäre wunderbar,
mit einem grünen Messer durch die Straßen zu laufen
und Lärm zu schlagen, bis man tot umfällt vor Kälte.

Ich mag nicht mehr Wurzel sein in der Finsternis,
schwankend, ausgestreckt, zitternd vor Schlaf,
abwärts immer, ins nasse Eingeweid der Erde,
saugend und sinnend, essend Tag um Tag.

No quiero para mí tantas desgracias.
No quiero continuar de raíz y de tumba,
de subterráneo solo, de bodega con muertos,
aterido, muriéndome de pena.

Por eso el día lunes arde como el petróleo
cuando me ve llegar con mi cara de cárcel,
y aúlla en su transcurso como una rueda herida,
y da pasos de sangre caliente hacia la noche.

Y me empuja a ciertos rincones, a ciertas casas húmedas
a hospitales donde los huesos salen por la ventana,
a ciertas zapaterías con olor a vinagre,
a calles espantosas como grietas.

Hay pájaros de color de azufre y horribles intestinos
colgando de las puertas de las casas que odio,
hay dentaduras olvidadas en una cafetera,
hay espejos
que debieran haber llorado de vergüenza y espanto,
hay paraguas en todas partes, y venenos, y ombligos.

Yo paseo con calma, con ojos, con zapatos,
con furia, con olvido,
paso, cruzo oficinas y tiendas de ortopedia,

Ich mag soviel Unheil nicht für mich.
Mag nicht weiterhin Wurzel sein und Grab,
verlassener Schacht, Kellergewölb voll von Toten,
kältestarr, vor Leid zugrunde gehend.

Darum flammt der Montag wie Erdöl auf,
wenn er mich kommen sieht mit meinem Kerkergesicht,
und er heult in seinem Verlauf wie ein wundes Rad
und macht Schritte von heißem Blut der Nacht entgegen.

Und er treibt mich in manche Winkel, in manch feuchte
        Häuser,
in Spitäler, wo die Knochen durch die Fenster herauskommen,
in manche Schusterstube, die nach Essig riecht,
in Straßen, erschreckend wie Erdrisse.

Es gibt Vögel, schwefelfarbig, und gräßliches Gedärm,
die an den Türpfosten der Häuser hängen, die ich hasse.
Es gibt Gebisse, in einer Kaffeekanne vergessen,
es gibt Spiegel,
die hätten weinen müssen vor Scham und Entsetzen,
Schirme gibt es allerorts und Gifte und Nabelschnüre.

Und ich schlendere umher, mit Gelassenheit, mit Augen, mit
        Schuhen,
mit Wut, mit Vergessen,
ich gehe vorüber, quere Amtsstuben und orthopädische Läden,

y patios donde hay ropas colgadas de un alambre:
calzoncillos, toallas y camisas que lloran
lentas lágrimas sucias.

durchschreite Höfe, wo an einem Draht Wäsche hängt:
Unterhosen, Handtücher und Hemden, die langsame
schmutzige Tränen weinen.

Desespediente

La paloma está llena de papeles caídos,
su pecho está manchado por gomas y semanas
por secantes más blancos que un cadáver
y tintas asustadas de su color siniestro.

Ven conmigo a la sombra de las administraciones,
al débil, delicado color pálido de los jefes,
a los túneles profundos como calendarios,
a la doliente rueda de mil páginas.

Examinaremos ahora los títulos y las condiciones,
las actas especiales, los desvelos,
las demandas con sus dientes de otoño nauseabundo,
la furia de cenicientos destinos y tristes decisiones.

Es un relato de huesos heridos,
amargas circunstancias e interminables trajes,
y medias repentinamente serias.
Es la noche profunda, la cabeza sin venas
de donde cae el día de repente
como de una botella rota por un relámpago.

Son los pies y los relojes y los dedos
y una locomotora de jabón moribundo,
y un agrio cielo de metal mojado,
y un amarillo río de sonrisas.

Abschlägig

Die Taube ist vollgestopft mit heruntergefallenen Zetteln,
ihre Brust befleckt von Radiergummis und Wochen,
von Löschblättern, weißer als ein Leichnam,
und Tinten, die vor der eigenen Unheilsfarbe erschrecken.

Tritt mit mir in das Dunkel der Kanzleien,
in die kränkliche, matte Blässe der Bürovorsteher,
in die Gänge, unergründlich wie Kalender,
ans schmerzliche Mühlrad der tausend Seiten.

Laß uns nun die Titel durchgehen und die Klauseln,
die Geheimakten, die Schlaflosigkeiten,
die Bittgesuche mit ihren ekelerregenden Herbstzähnen,
die Wut aschgrauer Instanzen und trauriger Entscheide.

Es ist ein Bericht über zerschlagene Knochen,
bittere Umstände und endlose Anzüge
und plötzlich ernst zu nehmende Strümpfe.
Es ist die tiefe Nacht, der aderlose Kopf,
aus dem der Tag fällt, unversehens,
wie aus einer vom Blitz zerspellten Flasche.

Es sind Füße und Uhren und Finger
und eine Lokomotive aus sterbender Seife
und ein brüchiger Himmel aus nassem Metall
und ein gelber Fluß aus Gelächel.

Todo llega a la punta de dedos como flores,
a uñas como relámpagos, a sillones marchitos,
todo llega a la tinta de la muerte
y a la boca violeta de los timbres.

Lloremos la defunción de la tierra y el fuego,
las espadas, las uvas,
los sexos con sus duros dominios de raíces,
las naves del alcohol navegando entre naves
y el perfume que baila de noche, de rodillas,
arrastrando un planeta de rosas perforadas.

Con un traje de perro y una mancha en la frente
caigamos a la profundidad de los papeles,
a la ira de las palabras encadenadas,
a manifestaciones tenazmente difuntas,
a sistemas envueltos en amarillas hojas.

Rodad conmigo a las oficinas, al incierto
olor de ministerios, y tumbas, y estampillas.
Venid conmigo al día blanco que se muere
dando gritos de novia asesinada.

Alles gelangt an die Fingerspitzen wie Blumen,
an die Nägel wie Blitze, auf welke Sessel,
alles gelangt in die Tinte des Todes
und in das violette Maul der Stempel.

Laßt uns den Tod der Erde beweinen und das Feuer,
die Degen, die Trauben,
die Geschlechter mit ihrer harten Wurzelherrschaft,
die Schiffe des Rausches inmitten der Schiffe
und den Duft, der nachts auf den Knieen tanzt,
einen Planeten durchbohrter Rosen mit sich schleifend.

Laßt uns, im Kleid des Hundes und einen Fleck auf der Stirn,
in den Abgrund der Akten versinken,
in den Zorn der gefesselten Worte,
in hartnäckig tote Kundmachungen,
in Systeme, eingehüllt in vergilbte Papiere.

Kommt mit mir in die Kanzleien, in den zweifelhaften
Ruch von Ministerien und Gräbern und Stempelmarken.
Tretet ein mit mir in den weißen Tag, der da stirbt
unter Schreien wie eine ermordete Braut.

Invocación

Para empezar, para sobre la rosa
pura y partida, para sobre el origen
de cielo y aire y tierra, la voluntad de un canto
con explosiones, el deseo
de un canto inmenso, de un metal que recoja
guerra y desnuda sangre.
                      España, cristal de copa, no diadema,
sí machacada piedra, combatida ternura
de trigo, cuero y animal ardiendo.
Mañana, hoy, por tus pasos
un silencio, un asombro de esperanzas
como un aire mayor: una luz, una luna,
luna gastada, luna de mano en mano,
de campana en campana!
                    Madre natal, puño
de avena endurecida,
               planeta
seco y sangriento de los héroes!

Anrufung

Um zu beginnen, um über die reine
und gespaltene Rose, über den Ursprung
von Himmel und Luft und Erde — hier den Willen eines
    Gesanges
mit Ausbrüchen, das Verlangen
eines unermeßlichen Gesanges, eines Metalls, das
aufgreift Krieg und nacktes Blut.
                      Spanien, Kelch-Kristall,
    nicht Diadem,
aber zermalmter Stein, bekämpfte zärtliche Liebe
von Weizen, Fell und brennendem Tier.
Morgen, jetzt, durch deine Schritte
ein Schweigen, von Hoffnungen ein Staunen
wie eine höhere Luft: ein Licht, ein Mond,
verzehrter Mond, Mond von Hand zu Hand,
von Glocke zu Glocke!
                  Mutter, heimatlich, Faust
gehärteten Hafers,
          Planet,
dürr und blutig, der Helden!

La tradición

En las noches de España, por los viejos jardines
la tradición, llena de mocos muertos,
chorreando pus y peste se paseaba
con una cola en bruma, fantasmal y fantástica,
vestida de asma y huecos levitones sangrientos,
y su rostro de ojos profundos detenidos
eran verdes babosas comiendo tumba,
y su boca sin muelas mordía cada noche
la espiga sin nacer, el mineral secreto,
y pasaba con su corona de cardos verdes
sembrando vagos huesos de difunto y puñales.

Die Tradition

In den Nächten Spaniens, durch die alten Gärten,
lustwandelte voll von totem Rotz,
Eiter verströmend und Pest, mit einem Schweif
im Meerdunst, gehüllt in Asthma und löchrigen
Gehrock, blutbefleckten, gespenstisch und anmaßend die
    Tradition,
und die abgründigen unentschlossenen Augen im Gesicht
waren Gräber kauend grüne Schnecken,
und ihr zahnloser Mund malmte Nacht für Nacht
die Ähre ohne Geburt, das verborgene Erz,
und sie ging mit ihrer grünen Distelkrone vorüber,
unstete Leichenknochen säend und Dolche.

Paisaje después de una batalla

Mordido espacio, tropa restregada
contra los cereales, herraduras
rotas, heladas entre escarcha y piedras,
        áspera luna.

Luna de yegua herida, calcinada,
envuelta en agotadas espinas, amenazante, hundido
metal o hueso, ausencia, paño amargo,
        humo de enterradores.

Detrás del agrio nimbo de nitratos,
de substancia en substancia, de agua en agua,
rápidos como trigo desgranado,
        quemados y comidos.

Casual corteza suavemente suave,
negra ceniza ausente y esparcida,
ahora sólo frío sonoro, abominables
        materiales de lluvia.

Guárdenlo mis rodillas enterrado
más que este fugitivo territorio,
agárrenlo mis párpados hasta nombrar y herir,
guarde mi sangre este sabor de sombra
        para que no haya olvido.

Landschaft nach einer Schlacht

Verstümmelter Raum, Truppe, zu Boden gefetzt
ins Getreide, Hufeisen
zerbrochen, gefroren zwischen Rauhreif und Stein,
     grimmiger Mond.

Mond verwundeter Stute, ausgehöhlt,
von verdorrten Dornen umhüllt, drohend, versunknes
Metall oder Gebein, Abwesenheit, schmerzliches Tuch,
     Dunst von Totengräbern.

Hinter ätzendem Schein von Nitraten,
von Substanz zu Substanz, von Wasser zu Wasser,
jäh wie entkörntes Getreide
     Verkohlte, Verweste.

Weichlich weiche, ungewisse Kruste,
Asche schwarz, abgetrennt und verstreut,
jetzt hallende Kälte nur, grauenvolle
     Stofflichkeiten voll Regen.

Bewahret ihn, meine Knie, der mehr
eingesargt als dieses flücht'ge Erdreich,
packt ihn, meine Lider, bis er kündet und versehrt,
bewahr ihn, mein Blut, diesen Geschmack von Schatten,
     daß es kein Vergessen gebe.

Del aire al aire

Del aire al aire, como una red vacía,
iba yo entre las calles y la atmósfera, llegando y despidiendo,
en el advenimiento del otoño la moneda extendida
de las hojas, y entre la primavera y las espigas,
lo que el más grande amor, como dentro de un guante
que cae, nos entrega como una larga luna.

(Días de fulgor vivo en la intemperie
de los cuerpos: aceros convertidos
al silencio del ácido:
noches deshilachadas hasta la última harina:
estambres agredidos de la patria nupcial.)

Alguien que me esperó entre los violines
encontró un mundo como una torre enterrada
hundiendo su espiral más abajo de todas
las hojas de color de ronco azufre:
más abajo, en el oro de la geología,

como una espada envuelta en meteoros,
hundí la mano turbulenta y dulce
en lo más genital de lo terrestre.

Von Himmelsstrich zu Himmelsstrich

Von Himmelsstrich zu Himmelsstrich wandernd,
kam ich, einem leeren Netze gleich, in die Straßen und die
      Hülle
der Luft und gab, bei des Herbstes Ankunft, der ausgestreuten
      Münze
der Blätter und, inmitten des Frühlings und der Ähren,
dem das Geleit, was die höchste Liebe
wie im Innern eines abgestreiften Handschuhs uns darbringt
wie einen reifen Mond.

(Tage lebendigen Glanzes in der Unbeständigkeit
der Körper: Waffenschärfe verwandelt
zum Schweigen der Bitterkeit:
Nächte ausgefasert bis zum letzten Staub Mehl:
angefallene Blütenfäden des bräutlichen Vaterlands.)

Jemand, der zwischen Violinen mich erwartete,
fand eine Welt wie einen begrabenen Turm,
der seine Spirale tief unter alle Blätter
von greller Schwefelfarbe senkte,
tiefer, hinein in das Gold der Geologie;

gleich einem von Meteoren umhüllten Schwert
tauchte ich die ungestüme und sanfte Hand
in des Irdischen stärkste Zeugungskraft.

Puse la frente entre las olas profundas,
descendí como gota entre la paz sulfúrica,
y, como un ciego, regresé al jazmín
de la gastada primavera humana.

Ich senkte in die Wogentiefe das Antlitz,
glitt tropfengleich inmitten schweflichten Friedens nieder,
und, ein Geblendeter, kehrte ich zurück zum Jasmin
des verbrauchten menschlichen Frühlings.

La poderosa muerte me invitó

La poderosa muerte me invitó muchas veces:
era como la sal invisible en las olas,
y lo que su invisible sabor diseminaba
era como mitades de hundimientos y altura
o vastas construcciones de viento y ventisquero.

Yo al férreo filo vine, a la angostura
del aire, a la mortaja de agricultura y piedra,
al estelar vacío de los pasos finales
y a la vertiginosa carretera espiral:
pero, ancho mar, oh muerte!, de ola en ola no vienes,
sino como un galope de claridad nocturna
o como los totales números de la noche.

Nunca llegaste a hurgar en el bolsillo, no era
posible tu visita sin vestimenta roja:
sin auroral alfombra de cercado silencio:
sin altos enterrados patrimonios de lágrimas.

No pude amar en cada ser un árbol
con su pequeño otoño a cuestas (la muerte de mil hojas)
todas las falsas muertes y las resurrecciones
sin tierra, sin abismo:
quise nadar en las más anchas vidas,
en las más sueltas desembocaduras,

Der machtvolle Tod

Der machtvolle Tod, er lud mich oftmals ein:
er war in den Wogen unsichtbar das Salz,
und was sein unmerklicher Geschmack verbreitete,
war wie von Abgrund und Gipfel die Mitte
oder unermeßliches Bauwerk aus Wind und Firn.

Zum Grat, dem eisenharten, kam ich, in die Dünne
der Luft, zum Leichentuch von Ackerbau und Gestein,
zu der letzten Stufe Sternenleere,
zur Schwindel erregenden Spiralenstraße:
du aber, offenes Meer, o Tod! nahst nicht von Woge zu Woge,
sondern als Ansturm nächtlicher Klarheit
oder als die totale Summe der Nacht.

Niemals kamst du, in Taschen zu wühlen, dein Erscheinen
war ohne rote Gewandung nicht möglich,
ohne des Frührots Teppich aus ummauertem Schweigen,
ohne großes und begrabenes Vermächtnis von Tränen.

Ich vermochte nicht in jedem Wesen einen Baum zu lieben
        mit seinem
dünnen Herbst auf den Schultern (den Tod von tausend
        Blättern)
all die unwahren Tode und Auferstehungen
ohne Welt, ohne Abgrund:
schwimmen wollte ich im weitesten Leben,
in den weltoffensten Mündungen

y cuando poco a poco el hombre fué negándome
y fué cerrando paso y puerta para que no tocaran
mis manos manantiales su inexistencia herida,
entonces fuí por calle y calle y río y río,
y ciudad y ciudad y cama y cama,
y atravesó el desierto mi máscara salobre,
y en las últimas casas humilladas, sin lámpara, sin fuego,
sin pan, sin piedra, sin silencio, solo,
rodé muriendo de mi propia muerte.

und als sich nach und nach der Mensch mir entzog
und Weg und Tür verschloß, daß
meine quellentstiegenen Hände nicht rührten an seine
      schmerzliche Unexistenz,
da ging ich von Straße zu Straße und Fluß zu Fluß
und Ort zu Ort und Bettstatt zu Bettstatt,
und meines Angesichts salzige Maske querte die Einöde,
und in den letzten niedrigen Häusern ohne
Lampe, ohne Feuer,
ohne Brot, ohne Mauerstein, ohne Ruhe, allein,
wand ich sterbend mich in meinem eigenen Tod.

No eras tú, muerte grave

No eras tú, muerte grave, ave de plumas férreas,
la que el pobre heredero de las habitaciones
llevaba entre alimentos apresurados, bajo la piel vacía:
era algo, un pobre pétalo de cuerda exterminada:
un átomo del pecho que no vino al combate
o el áspero rocío que no cayó en la frente.
Era lo que no pudo renacer, un pedazo
de la pequeña muerte sin paz ni territorio:
un hueso, una campana que morían en él.
Yo levanté las vendas del yodo, hundí las manos
en los pobres dolores que mataban la muerte,
y no encontré en la herida sino una racha fría
que entraba por los vagos intersticios del alma.

Großer Tod

Großer Tod, Vogel mit eisernen Schwingen, du warst es nicht,
den der armselige Erbe der Hausungen
unter der leeren Haut trug, bei heruntergeschlungener
      Nahrung:
etwas, eines zerstörten Seiles nichtiger Rest war es,
ein Atom der Brust, die nicht zum Kampfe kam,
oder der herbe Tau, der nicht auf die Stirne fiel.
Was nie wiedererstehen kann, war es, ein Stück
des erbärmlichen Todes ohne Frieden, ohne Land:
ein Knochen, eine Glocke, die in ihm starben.
Ich nahm die Jodbinden ab, tauchte die Hände
in die dürftigen Schmerzen, die den Tod ertöteten,
und fand in der Wunde nichts denn einen eisigen Windhauch,
der durch die flüchtigen Risse der Seele drang.

Aguila sideral

Aguila sideral, viña de bruma.
Bastión perdido, cimitarra ciega.
Cinturón estrellado, pan solemne.
Escala torrencial, párpado inmenso.
Túnica triangular, polen de piedra.
Lámpara de granito, pan de piedra.
Serpiente mineral, rosa de piedra.
Nave enterrada, manantial de piedra.
Caballo de la luna, luz de piedra.
Escuadra equinoccial, vapor de piedra.
Geometría final, libro de piedra.
Témpano entre las ráfagas labrado.
Madrépora del tiempo sumergido.
Muralla por los dedos suavizada.
Techumbre por las plumas combatida.
Ramos de espejo, bases de tormenta.
Tronos volcados por la enredadera.
Régimen de la garra encarnizada.
Vendaval sostenido en la vertiente.
Inmóvil catarata de turquesa.
Campana patriarcal de los dormidos.
Argolla de las nieves dominadas.
Hierro acostado sobre sus estatuas.
Inaccesible temporal cerrado.
Manos de pluma, roca sanguinaria.
Torre sombrera, discusión de nieve.
Noche elevada en dedos y raíces.

Siderischer Adler

Siderischer Adler, Weinberg aus Morgennebel.
Verlorene Bastion, blendender Sarras.
Gestirnter Gürtel, festliches Brot.
Aufströmende Treppe, unermeßliches Lid.
Dreieckige Tunika, Pollen aus Stein.
Granitene Leuchte, Brot aus Stein.
Erzene Schlange, Rose aus Stein.
Begrabener Segler, Quell aus Stein.
Mondes Pferd, Helle aus Stein.
Winkelmaß der Aequinoktien, Dunst aus Stein.
Endgeometrie, Buch aus Stein.
Scholle, in Sturmböen gepflügt.
Sternkoralle der versunkenen Zeit.
Steinwall, von Fingern geschmeidigt.
Himmelsdach, vom Gefieder bekämpft.
Spiegel-Gezweig, Grundfesten des Sturms.
Throne, von der Schlingpflanze gestürzt.
Herrschaft der blutdürstenden Kralle.
Stürmender Meerwind, vom Steilhang gehalten.
Erstarrter Türkiskatarakt.
Patriarchalische Glocke der Entschlummerten.
Metallring der bezwungenen Schneegefilde.
Eisen, auf seinen Bildsäulen ruhend.
Unerreichbar umschlossnes Gewitter.
Pumatatzen, blutgieriger Fels.
Turm, auf dem Haupt der Welt, Schneediskussion.
Nacht, mit Fingern erhoben und Wurzeln.

Ventana de las nieblas, paloma endurecida.
Planta nocturna, estatua de los truenos.
Cordillera esencial, techo marino.
Arquitectura de águilas perdidas.
Cuerda del cielo, abeja de la altura.
Nivel sangriento, estrella construída.
Burbuja mineral, luna de cuarzo.
Serpiente andina, frente de amaranto.
Cúpula del silencio, patria pura.
Novia del mar, árbol de catedrales.
Ramo de sal, cerezo de alas negras.
Dentadura nevada, trueno frío.
Luna arañada, piedra amenazante.
Cabellera del frío, acción del aire.
Volcán de manos, catarata oscura.
Ola de plata, dirección del tiempo.

Auslug der Nebel, steingehärtete Taube.
Nachtgebornes Gewächs, Standbild des Donners.
Wesentlicher Gebirgszug, des Meeres Dach.
Architektur verlorener Adler.
Tönende Himmelssaite, Biene der Gipfel.
Pegel des Blutes, erbautes Gestirn.
Luftgebilde in Erz, Mond aus Quarz.
Andenschlange, amarantene Stirn.
Kuppel des Schweigens, Vaterland, makelloses.
Braut des Meeres, Kathedralenbaum.
Salzgezweig, Kirschbaum mit schwarzen Schwingen.
Verschneites Fels-Gebiß, eiskalter Donner.
Zerschrundener Mond, bedrohlicher Stein.
Mähne der Kälte, Machtgewirk der Luft.
Vulkan von Händen, düsterer Katarakt.
Silberwoge, Richtung der Zeit.

Piedra en la piedra

Piedra en la piedra, el hombre, dónde estuvo?
Aire en el aire, el hombre, dónde estuvo?
Tiempo en el tiempo, el hombre, dónde estuvo?
Fuiste también el pedacito roto
de hombre inconcluso, de águila vacía
que por las calles de hoy que por las huellas,
que por las hojas del otono muerto
va machacando el alma hasta la tumba?
La pobre mano, el pie, la pobre vida ...
Los días de la luz deshilachada
en ti, como la lluvia
sobre las banderillas de la fiesta,
dieron pétalo a pétalo de su alimento oscuro
en la boca vacía?
                     Hambre, coral del hombre,
hambre, planta secreta, raíz de los leñadores,
hambre, subió tu raya de arrecife
hasta estas altas torres desprendidas?

Yo te interrogo, sal de los caminos,
muéstrame la cuchara, déjame, arquitectura,
roer con un palito los estambres de piedra,
subir todos los escalones del aire hasta el vacío,
rascar la entraña hasta tocar el hombre.

Stein im Gestein

Stein im Gestein! wo war er, der Mensch?
Luft in der Luft! wo war er, der Mensch?
Zeit in dem Zeitenlauf! wo war er, der Mensch?
Warst auch du das kleine Bruchstück
des unvollendeten Menschen, des nichtigen Adlers,
der durch die heutigen Straßen, der in den alten Spuren,
der durch die Blätter des verblichenen Herbstes,
die Seele bis ans Grab zerstörend, geht?
Die arme Hand, der Fuß, das armselige Leben . . .
Die Tage des Lichts,
zerstäubt in dir wie Regen
auf den Banderillas des Festes,
legten sie Blütenblatt um Blütenblatt ihrer dunklen Nahrung
in den leeren Mund?
                    Hunger, Koralle des Menschen,
Hunger, geheimes Gewächs, der Holzfäller Wurzel,
Hunger, stieg die Linie deines Riffs
bis zu diesen hohen Türmen auf, den zerfallenen?

Ich befrage dich, Salz der Wege,
weise die Schaufel mir, laß mich, Architektur,
mit einem kleinen Stecken die steinernen Blütengebilde
        zerschaben,
alle Stufen des Luftraums erklimmen bis in die Leere hinauf
und das Innerste aufwühlen, bis ich den Menschen berühre.

Macchu Picchu, pusiste
piedra en la piedra, y en la base, harapo?
Carbón sobre carbón, y en el fondo la lágrima?
Fuego en el oro, y en él, temblando el rojo
goterón de la sangre?
Devuélveme el esclavo que enterraste!
Sacude de las tierras el pan duro
del miserable, muéstrame los vestidos
del siervo y su ventana.
Dime cómo durmió cuando vivía.
Dime si fué su sueño
ronco, entreabierto, como un hoyo negro
hecho por la fatiga sobre el muro.
El muro, el muro! Si sobre su sueño
gravitó cada piso de piedra, y si cayó bajo ella
como bajo un luna, con el sueño!
Antigua América, novia sumergida,
también tus dedos,
al salir de la selva hacia el alto vacío de los dioses,
bajo los estandartes nupciales de la luz y el decoro,
mezclándose al trueno de los tambores y de las lanzas,
también, también tus dedos,
los que la rosa abstracta y la línea del frío, los
que el pecho sangriento del nuevo cereal trasladaron
hasta la tela de materia radiante, hasta las duras cavidades;

Macchu Picchu, legtest du
Stein auf Stein und in den Baugrund das zerlumpte Gewand?
Kohle auf Kohle und in die Tiefe die Träne?
Feuer ins Gold und dahinein zitternd den roten
Riesentropfen Blut?
Gib mir den Sklaven wieder, den du begrubst!
Schüttle aus dem Erdreich des Elenden
hartes Brot, zeige die Kleider mir
des Fronenden und sein Fenster.
Sag mir, wie er, da er noch lebte, schlief.
Sage mir, ob rauh
sein Schlaf war, klaffend wie ein schwarzes Loch,
und vor Erschöpfung getan auf der Mauer.
Die Mauer, die Mauer! Sag, ob auf seinem Schlaf
lastete jedes Stockwerk aus Stein, ob unter der Mühsal
er umsank in seinen Schlaf wie unter einem Mond!
Antikes Amerika, versunkene Braut,
hüteten auch deine Finger,
da du aus der Wildnis aufbrachst zur himmelshohen Leere
        der Götter,
dich dem Dröhnen der Tambore mischend und der Lanzen,
unter den bräutlichen Fahnen des Lichts und edler Sitte,
auch deine, auch deine Finger,
sie, die die abstrakte Rose und die Linie der Kälte, sie,
die des jungen Getreides blutrote Brust übertrugen
auf das Geweb erstrahlender Materie, auf unzerstörbare
        Höhlungen,

también, también, América enterrada, guardaste en lo más
    bajo
en el amargo intestino, como un águila, el hambre?

hütetest auch du, auch du, versunkenes Amerika, im
     Allertiefsten,
im bitteren Eingeweid wie ein Adler den Hunger?

Cortés

Cortés no tiene pueblo, es rayo frío,
corazón muerto en la armadura.
»Feraces tierras, mi Señor y Rey,
templos en que el oro, cuajado
está por manos del indio«.

Y avanza hundiendo puñales, golpeando
las tierras bajas, las piafantes
cordilleras de los perfumes,
parando su tropa entre orquídeas
y coronaciones de pinos,
atropellando los jazmines,
hasta las puertas de Tlaxcala.

> (Hermano aterrado, no tomes
> como amigo al buitre rosado:
> desde el musgo te hablo, desde
> las raíces de nuestro reino.
> Va a llover sangre mañana,
> las lágrimas serán capaces
> de formar niebla, vapor, ríos,
> hasta que derritas los ojos.)

Cortés

Cortés hat kein Volk, ist eiskalter Blitz,
totes Herz in der Rüstung.
»Fruchtbare Erdreiche, mein Großer Herr und König,
Tempel, in denen das Gold ruht, von Händen
des Indios geformt.«

Und Dolche in Herzen stoßend, Geißel
der Niederungen, der schwebenden Hügelketten
der Düfte, rückt er vor,
Halt gebietend seiner Truppe zwischen Orchideen
und Fichtenkronen,
Jasmine zu Boden reißend,
bis an die Tore Tlaxcalas.

> (Bestürzter Bruder, halte
> den rosigen Geier nicht für deinen Freund:
> ich rede vom Moos her zu dir, von
> den Wurzeln unseres Reiches.
> Blut wird es morgen regnen,
> die Tränen werden imstand sein,
> Nebel zu bilden, Wasserdünste, Ströme,
> daß deine Augen vergehen.)

Cortés recibe una paloma,
recibe un faisán, una cítara
de los músicos del monarca,
pero quiere la cámara del oro,
quiere otro paso, y todo cae
en las arcas de los voraces.
El Rey se asoma a los balcones:
»Es mi hermano«, dice. Las piedras
del pueblo vuelan contestando,
y Cortés afila puñales
sobre los besos traicionados.

Vuelve a Tlaxcala, el viento ha traído
un sordo rumor de dolores.

Cortés erhält zum Geschenk eine Taube,
einen Fasan erhält er, eine Kithara
von den Musikern des Monarchen,
er aber will die Kammer des Goldes,
will mehr, und alles fällt
in die Truhen der Habgierigen.
Der Inkakönig zeigt sich auf der Altane:
»Er ist mein Bruder«, sagt er. Die Steine
des Volkes fliegen, als Antwort,
und über den verratenen Küssen:
Cortés schärft seine Dolche.

Er kehrt zurück nach Tlaxcala, der Wind hat
dumpf ein Geräusch von Schmerzen herübergetragen.

Homenaje a Balboa

Descubridor, el ancho mar, mi espuma,
latitud de la luna, imperio del agua,
después de siglos te habla por boca mía.
Tu plenitud llegó antes de la muerte.
Elevaste hasta el cielo la fatiga,
y de la dura noche de los árboles
te condujo el sudor hasta la orilla
de la suma del mar, del gran océano.
En tu mirada se hizo el matrimonio
de la luz extendida y del pequeño
corazón del hombre, se llenó una copa
antes no levantada, una semilla
de relámpagos llegó contigo
y un trueno torrencial llenó la tierra.
Balboa, capitán, qué diminuta
tu mano en la visera, misterioso
muñeco de la sal descubridora,
novio de la oceánica dulzura,
hijo del nuevo útero del mundo.

Por tus ojos entró como un galope
de azahares el olor oscuro
de la robada majestad marina,

Ehrung Balboas

Entdecker, das weite Meer, mein
    Wogenschäumen,
des Mondes Himmelsbogen, die Herrschaft der Wasser,
sie sprechen nach Jahrhunderten durch meinen Mund
    zu dir.
Deine Vollendung geschah vor deinem Tode.
Bis an den Himmel erhobst du die Mühsal,
und aus der Bäume grausamer Nacht
führte die Erschöpfung dich bis ans Gestade
des Meeres aller Meere, des großen Ozeans.
In deinem Blick vermählten sich
das Licht, das unermeßliche, und das kleine
Menschenherz, es füllte sich ein vormals
nie erhobener Pokal; von Blitzen
ein Samenkorn kam mit dir
und reißender Donner überzog die Erde.
Heerführer Balboa, wie hilflos klein
deine Hand am Visier, geheimnisvoll
zaghafter Zwerg, zur Entdeckung getrieben
vom Salz des Meeres!
Verlobt der ozeanischen Süße,
Sohn des jungen Uterus der Welt.

In deine Augen drang wie ein Ansturm von
    Orangenblüten
die dunkle Ahnung
der ausgeraubten Meeresmajestät,

cayó en tu sangre una aurora arrogante
hasta poblarte el alma, poseído!
Cuando volviste a las hurañas tierras,
sonámbulo del mar, capitán verde
eras un muerto que esperaba
la tierra para recibir tus huesos.

Novio mortal, la traición cumplía.

No en balde por la historia
entraba el crimen pisoteando, el halcón devoraba
su nido, y se reunían las serpientes
atacándose con lenguas de oro.
Entraste en el crepúsculo frenético
y los perdidos pasos que llevabas,
aún empapado por las profundidades,
vestido de fulgor y desposado
por la mayor espuma, te traían
a las orillas de otro mar: la muerte.

ein vermessenes Frührot stürzte dir ins Blut,
bis es deine Seele, Besessener, beherrschte!
Als du dich zurück zu den menschenfeindlichen
      Gebieten wandtest,
Nachtwandler des Meeres, jugendlicher Hauptmann,
warst du ein Toter, auf den die Erde,
seine Knochen aufzunehmen, wartete.

Sterblicher Bräutigam, der Verrat geschah.

Nicht umsonst trat das Verbrechen vernichtend
in die Geschichte ein, der Falke vertilgte
sein Nest, und es versammelten sich die Schlangen,
mit goldenen Zungen übereinander herzufallen.
Du drangst in die tosende Dämmerung,
und, die du ins Weite gelenkt, die verlorenen Schritte,
vollgesogen noch von Unergründlichkeiten,
glanzumwoben und vermählt mit dem
großmächtigsten Meeresschaum, sie trugen dich
an die Gestade anderer Meeres: zum Tod.

Ximénez de Quesada (1536)

Ya van, ya van, ya llegan,
corazón mío, mira las naves,
las naves por el Magdalena,
las naves de Gonzalo Jiménez
ya llegan, ya llegan las naves,
deténlas, río, cierra
tus márgenes devoradoras,
sumérgelas en tu latido,
arrebátales la codicia,
échales tu trompa de fuego,
tus vertebrados sanguinarios,
tus anguilas comedoras de ojos,
atraviesa el caimán espeso
con sus dientes color de légamo
y su primordial armadura,
extiéndelo como un puente
sobre tus aguas arenosas,
dispara el fuego del jaguar
desde tus árboles, nacidos
de tus semillas, río madre,
arrójales moscas de sangre,
ciégalos con estiércol negro,
húndelos en tu hemisferio,
sujétalos entre las raíces
en la oscuridad de tu cama,
y púdreles toda la sangre

Jiménez de Quesada (1536)

Sie kommen schon, sie kommen, nun kommen sie,
o mein Herz, sieh die Segelschiffe,
die Schiffe auf dem Magdalena,
die Schiffe des Gonzalo Jiménez,
sie nahen schon, schon nahen die Schiffe,
Fluß, halte sie an, schließ
deine verschlingenden Ränder,
versenke sie in dein Pulsen,
entreiße ihnen die Habsucht,
schleudere deinen Feuerrüssel auf sie,
deine bluthungrigen Wirbeltiere,
deine augenfressenden Aale,
leg ihnen den Kaiman in den Weg,
den unverwundbaren, mit seinen
schlammdunklen Zähnen
und seinem Urpanzer, spanne ihn
wie eine Brücke über deine sandigen Fluten,
schnelle des Jaguars Flamme
aus deinen Bäumen hervor, die deinen
Samen, Flußmutter, entsprangen,
überschütte mit Blutfliegen sie,
blende sie mit schwarzem Tierkot,
ertränke sie in deiner Hemisphäre,
umklammere sie mit Wurzeln
in deines Strombettes Nacht,
und indes deine Krebse ihre Lungen

devorándoles los pulmones
y los labios con tus cangrejos.

Ya entraron en la floresta:
ya roban, ya muerden, ya matan.
Oh Colombia! Defiende el velo
de tu secreta selva roja.

Ya levantaron el cuchillo
sobre el oratorio de Iraka,
ahora agarran al zipa,
ahora lo amarran. »Entrega
las alhajas del dios antiguo«,
las alhajas que florecían
y brillaban con el rocío
de la mañana de Colombia.

Ahora atormentan al príncipe.
Lo han degollado, su cabeza
me mira con ojos que nadie
puede cerrar, ojos amados
de mi patria verde y desnuda.
Ahora queman la casa solemne,
ahora siguen los caballos,
los tormentos, las espadas,
ahora siguen los caballos,
y entre las cenizas los ojos
del príncipe que no se han cerrado.

und Lippen zerfressen
setze in Fäulnis ihr ganzes Blut.

Schon drangen sie in den Wald:
nun rauben sie, nun zerreißen, nun morden sie.
O Columbien! Kämpf um den Schleier
deiner geheimnisvollen glutroten Wildnis.

Schon haben sie das Messer erhoben
über dem Bethaus von Iraka,
jetzt ergreifen sie den Oberpriester,
jetzt binden sie ihn. »Liefere aus
die Geschmeide des alten Gottes«,
Geschmeide, die blühten
und glänzten im Tau
der Morgenfrühe Columbiens.

Nun foltern sie den Prinzen.
Sie haben den Kopf ihm abgeschlagen und sein Haupt
blickt mich an mit Augen, die niemand
zu schließen vermag: geliebte Augen
meiner grünen hilflosen Heimat.
Jetzt äschern sie das Haus der Feste ein,
jetzt folgen die Rosse,
die Martern, die Schwerter,
kaum Gluten bleiben zurück,
und in der Asche die Augen
des Prinzen, die sich nicht geschlossen haben.

Las agonías

En Cajamarca empezó la agonía.

El joven Atahualpa, estambre azul,
árbol insigne, escuchó al viento
traer rumor de acero.
Era un confuso
brillo y temblor desde la costa,
un galope increíble
– piafar y poderío –
de hierro y hierro entre la hierba.
Llegaron los adelantados.
El Inca salió de la música
rodeado por los señores.

Las visitas
de otro planeta, sudadas y barbudas,
iban a hacer la reverencia.

El capellán
Valverde, corazón traidor, chacal podrido,
adelanta un extraño objeto, un trozo
de cesto, un fruto
tal vez de aquel planeta
de donde vienen los caballos.
Atahualpa lo toma. No conoce
de qué se trata: no brilla, no suena,
y lo deja caer sonriendo.

Die Agonien

In Cajamarca begann der Todeskampf.

Der junge Atahualpa, blauer Blütenfaden,
berühmter Baum, er hörte den Wind
ein dumpfes Hallen hertragen von Stahl.
Wirrer Glanz
und ein Beben kam von der Küste,
ein unglaublicher Ansturm
– tänzelnd und machtvoll –
von Eisen und Eisen im Gras.
Die Statthalter nahten.
Von den Stammesedlen umgeben,
der Inka trat aus der Musik hervor.

Des andern Planeten
Gäste, bärtig und schweißgebadet,
nahten, ihre Ehrerbietung darzubringen.

Der Kaplan
Valverde, Verräterherz, verkommener Schakal,
trägt einen seltsamen Gegenstand vor sich her, ein Stück
Korb, eine Frucht
vielleicht von jenem Planeten,
woher die Pferde stammen.
Atahualpa nimmt es. Weiß nicht,
um was es sich handelt: es glänzt nicht, tönt nicht,
und lächelnd läßt er es fallen.

»Muerte,
venganza, matad, que o absuelvo«,
grita el chacal de la cruz asesina.
El trueno acude hacia los bandoleros.
Nuestra sangre en su cuna es derramada.
Los príncipes rodean como un coro
al Inca, en la hora agonizante.

Diez mil peruanos caen
bajo cruces y espadas, la sangre
moja las vestiduras de Atahualpa.
Pizarro, el cerdo cruel de Extremadura
hace amrarrar los delicados brazos
del Inca. La noche ha descendido
sobre Perú como una brasa negra.

»Tod
und Rache, mordet, denn ich gebe euch Absolution«,
schreit des Mordkreuzes Schakal.
Donnergedröhn wirft sich den Räubern entgegen.
Vergossen ist unser Blut in seiner Wiege.
Wie ein Chor umringen die Prinzen
den Inka in seiner Sterbestunde.

Zehntausend Peruaner fallen
unter Kreuzen und Schwertern, Blut
tränkt die Gewänder Atahualpas.
Pizarro, das grausame Vieh aus Estremadura
befiehlt, des Inkas feingliedrige Arme
zu fesseln. Eine schwarze Glut,
ist die Nacht auf Peru herabgesunken.

La línea colorada

Más tarde levantó la fatigada
mano el monarca, y más arriba
de las frentes de los bandidos,
tocó los muros.

           Allí trazaron
la línea colorada.

               Tres cámaras
había que llenar de oro y de plata,
hasta esa línea de su sangre.
Rodó la rueda de oro, noche y noche.
La rueda del martirio día y noche.

Arañaron la tierra, descolgaron
alhajas hechas con amor y espuma,
arrancaron la ajorca de la novia,
desampararon a sus dioses.
El labrador entregó su medalla,
el pescador su bota de oro,
y las rejas temblaron respondiendo
mientras mensaje y voz por las alturas
iba la rueda del oro rodando.
Entonces tigre y tigre se reunieron
y repartieron la sangre y las lágrimas.

Atahualpa esperaba levemente
triste en el escarpado día andino.
No se abrieron las puertas. Hasta la última

Die blutrote Linie

Später hob der Monarch
die ermattete Hand, und hoch über den
Stirnen der Banditen
berührte er die Mauern.
                    Dort zogen sie
die blutrote Linie.
                Drei Gemächer
sollten angefüllt werden mit Gold, mit Silber,
bis zu dieser Linie seines Blutes.
Und es rollte das Goldrad Nacht um Nacht.
Das Rad des Martyriums Tag und Nacht.

Sie durchwühlten die Erde, rissen vom Hals das Geschmeide,
mit Liebe geschaffen aus schaumigem Duft,
entwanden den Armreif der Braut,
raubten den Gottheiten alles, was ihnen Macht verlieh.
Der Landmann händigte seinen Talisman aus,
der Fischer seinen Tropfen Gold,
und die Pflugscharen bebten als Echo;
während Geheiß und Befehl durch die Höhen lief,
rollte das Rad des Goldes.
Darauf versammelten Tiger und Tiger sich
und teilten Blut aus und Tränen.

Atahualpa, in zager
Traurigkeit, wartete im steilen
andinischen Tag. Es öffneten sich die Tore nicht. Bis

joya los buitres dividieron:
las turquesas rituales, salpicadas
por la carnicería, èl vestido
laminado de plata: las uñas bandoleras
iban midiendo y la carcajada
del fraile entre los verdugos
escuchaba el Rey con tristeza.

Era su corazón un vaso lleno
de una congoja amarga como
la esencia amarga de la quina.
Pensó en sus límites, en el alto Cuzco,
en las princesas, en su edad,
en el escalofrío de su reino.
Maduro estaba por dentro, su paz
desesperada era tristeza. Pensó en Huáscar.
Vendrían de él los extranjeros?
Todo era enigma, todo era cuchillo,
todo era soledad, sólo la línea roja
viviente palpitaba,
tragando las entrañas amarillas
del reino enmudecido que moría.

Entró Valverde con la Muerte entonces.
»Te llamarás Juan«, le dijo
mientras preparaban la hoguera.

zum letzten Kleinod verteilten die Geier
die heiligen, vom Blutvergießen
befleckten Türkise, das Gewand
aus gehämmertem Silber: der Räuber Krallen
maßen, wogen, und das Gelächter
des Mönchs unter den Henkern
vernahm der Inka voller Trauer.

Sein Herz war ein Becher, angefüllt
mit Kummer, bitter wie
der Chinarinde bitteres Aroma.
Er dachte an seine Grenzen, an das erhabene Cuzco,
die Prinzessinnen, an seine Jugend,
an den Todesschauer seines Reichs.
Reif war er in seinem Herzen, sein hoffnungsloser
  Gleichmut
war Trauer. Dachte an Huascar.
Sollten von ihm die Fremdlinge kommen?
Alles war Rätsel, alles war Eisens Schärfe,
alles Verlassenheit, nur die lebendige
blutrote Linie,
die gelben Eingeweide verschlingend
des verstummten sterbenden Reiches, zuckte.

Eintrat alsdann Valverde mit dem Tod.
»Juan wirst du heißen«, sagte er ihm,
während sie den Scheiterhaufen richteten.

Gravemente respondió: »Juan,
Juan me llamó para morir«,
sin comprender ya ni la muerte.

Le ataron el cuello y un garfio

entró en el alma del Perú.

Hoheitsvoll entgegnete er: »Juan,
ich heiße Juan, um zu sterben«,
sogar den Tod nicht mehr begreifend.

Sie fesselten ihn am Hals, und ein Stichhaken

drang in die Seele Perus.

El corazón Magallánico (1519)

De dónde soy, me pregunto a veces, de dónde diablos
vengo, qué día es hoy, qué pasa,
ronco, en medio del sueño, del árbol, de la noche,
y una ola se levanta como un párpado, un día
nace de ella, un relámpago con hocico de tigre.

Despierto de pronto en la noche pensando en el extremo sur

Viene el día y me dice: »Oyes
el agua lenta, el agua,
el agua,
sobre la Patagonia?«
Y yo contesto: »Sí, señor, escucho«.
Viene el día y me dice: »Una oveja salvaje
lejos, en la región, lame el color helado
de una piedra. No escuchas el balido, no reconoces
el vendaval azul en cuyas manos
la luna es una copa, no ves la tropa, el dedo
rencoroso del viento
tocar la ola y la vida con su anillo vacío?«

Das Magallanische Herz (1519)

Woher stamme ich, woher, aus welcher
Hölle komm ich, was für ein Tag
ist heut, was geschieht, frage ich mich zuweilen,
dumpf, mitten im Schlaf, dem Baum, der Nacht, und
eine Woge wölbt wie ein Augenlid auf, ein Tag
wird von ihr geboren, ein Blitz mit Tigermaul.

*Ich erwache jäh in der Nacht, an den äußersten Süden
denkend*

Es naht der Tag und spricht zu mir: »Hörst du
das trägfließende Wasser, das Wasser,
Wasser
über Patagonien?«
Und ich antworte: »Ja Herr, ich höre.«
Es naht der Tag und spricht zu mir: »Ein wildes Lamm,
fern in der Landschaft, leckt die gefrorene Färbung
von einem Stein. Hörst du das Blöken nicht, erkennst du
den blauen Südsturm nicht, in dessen Händen
der Mond eine Schale ist, siehst du die Herde nicht,
     des Windes rachsüchtigen Finger
mit seinem hohlen Reif die Woge berühren und das Leben?«

Recuerdo la soledad del Estrecho

La larga noche, el pino, vienen adonde voy.
Y se trastorna el ácido sordo, la fatiga,
la tapa del tonel, cuanto tengo en la vida.
Una gota de nieve llora y llora en mi puerta
mostrando su vestido claro y desvencijado
de pequeño cometa que me busca y solloza.
Nadie mira la ráfaga, la extensión, el aullido
del aire en las praderas.
Me acerco y digo: vamos. Toco el Sur, desemboco
en la arena, veo la planta seca y negra, todo raíz y roca,
las islas arañadas por el agua y el cielo,
el Río del Hambre, el Corazón de Ceniza,
el Patio del Mar Lúgubre, y donde silba
la solitaria serpiente, donde cava
el último zorro herido y esconde su tesoro sangriento
encuentro la tempestad y su voz de ruptura,
su voz de viejo libro, su boca de cien labios,
algo me dice, algo que el aire devora cada día.

Ich denke an die Einsamkeit zurück der Meeresenge

Die endlose Nacht, die Fichte, sie folgen mir, wohin auch ich
     gehe.
Und es wendet die dumpfe Säure, die Mühsal, sich
der lastende Deckel der Tonne, alles, was ich hab im Leben.
Ein Schneetropfen weint und weint an meiner Tür,
sein abgelöstes lichtes Gewand eines kleinen Kometen
mir weisend, der mich sucht und schluchzt.
Niemand achtet des Lichtstrahls, der Weite, des Heulens
der Luft in den Grassteppen.
Ich nähere mich und sage: gehen wir. Ich berühre
     den Süden der Erdensphäre,
lege auf dem Sande an, sehe die Pflanze schwarz
     und dürr, nichts als Wurzel und Fels.
Die Inseln, von Wasser zerwühlt und Himmel,
den *Hungerstrom*, das *Aschenherz*,
den *Hof des Trauermeeres;* und wo die einsame
     Schlange zischt, der letzte
Fuchs verwundet gräbt und seinen blutigen Schatz verbirgt,
begegne ich dem Sturm und seiner alles
     durchbrandenden Stimme,
seinem hundertlippigen Mund, Stimme alten Buches,
irgend etwas sagt er mir, etwas, das die Luft täglich verschlingt.

Los descubridores aparecen y de ellos no queda nada

Recuerda el agua cuanto le sucedió al navío.
La dura tierra extraña guarda sus calaveras
que suenan en el pánico austral como cornetas
y ojos de hombre y de buey, dan al día su hueco,
su anillo, su sonido de implacable estelaje.
El viejo cielo busca la vela,
                             nadie
ya sobrevive: el buque destruído
vive con la ceniza del marinero amargo,
y de los puestos de oro, de las casas de cuero
del trigo pestilente, y de
la llama fría de las navegaciones
(cuánto golpe en la noche [roca y bajel] al fondo)
sólo queda el dominio quemado y sin cadáveres,
la incesante intemperie apenas rota
por un negro fragmento
de fuego fallecido.

Sólo se impone la desolación

Esfera que destroza lentamente la noche, el agua, el hielo,

Es erscheinen die Entdecker und nichts bleibt von ihnen

Das Wasser sinnt zurück, was alles dem Schiff geschah.
Das harte fremde Erdreich bewahrt seine Totenschädel,
die wie Hörner tönen im australen Schrecken:
und Augen von Mensch und Stier verleihen dem Tag seine
     Leere,
den hohlen Reif, den Klang unbarmherzigen Meeressogs.
Der alte Himmel sucht das Segel,
                        niemand mehr
blieb am Leben: das zerstörte Schiff
lebt mit der Asche des schmerzlichen Seemanns;
und von den Plätzen des Golds, den Lederzelten,
dem stinkenden Korn und der
Schiffahrt erkalteten Flamme
(wieviel Zerschmettern in der Nacht [Fels und Schiff] am
     Grunde)
einzig bleibt das verdorrte leichenleere Gebiet,
des Unwetters unaufhörliches Toben, kaum durchbrochen
von einem schwarzen Rest
erstorbenen Feuers.

Einzig herrscht die Trostlosigkeit

Himmelskugel, langsam von der Nacht zerstört, dem Wasser,
     dem Eis,

extensión combatida por el tiempo y el término,
con su marca violeta, con el final azul
del arco iris salvaje
se sumergen los pies de mi patria en tu sombra
y aúlla y agoniza la rosa triturada.

Recuerdo al viejo descubridor

Por el canal navega nuevamente
el cereal helado, la barba del combate,
el Otoño glacial, el transitorio herido.
Con él, con el antiguo, con el muerto,
con el destituído por el agua rabiosa,
con él, en su tormenta, con su frente.
Aún lo sigue el albatros y la soga de cuero
comida, con los ojos fuera de la mirada,
y el ratón devorado ciegamente mirando
entre los palos rotos el esplendor iracundo,
mientras en el vacío la sortija y el hueso
caen, resbalan sobre la vaca marina.

Erstreckung endlos, angefallen von der Zeit und ihrem Ende;
mit seinem violetten Zeichen,
dem blauen Finale des wilden Regenbogens,
meines Landes Gründe versinken in deinen Schatten,
und die zerfetzte Rose klagt und ringt mit dem Tode.

Ich gedenke des alten Entdeckers

Und durch die Meerenge schwimmt wieder
das erfrorene Korn, der kampfgewohnte Graubart,
der glaziale Herbst, der sterblich Verwundete,
mit ihm, dem Uralten, mit dem Ausgelöschten,
dem von den rasenden Fluten Entthronten,
in seinem Seesturm, mit ihm, mit seiner Stirn.
Noch folgt der Albatros, das zernagte
Lederseil, die blindlings angefressene Ratte ihm, der, die
        Augen schon
außerhalb des Schauens, zwischen den zerbrochenen
Spanten in den zornigen Glanz starrt,
während Ring und Knochen ins Leere
fallen, über die Seekuh gleiten.

Magallanes

Cuál es el dios que pasa? Mirad su barba llena de gusanos
y sus calzones en que la espesa atmósfera
se pega y muerde como un perro náufrago:
y tiene peso de ancla maldita su estatura,
y silba el piélago y el aquilón acude
hasta sus pies mojados.
                              Caracol de la oscura
sombra del tiempo,
                    espuela
carcomida, viejo señor de luto litoral, aguilero
sin estirpe, manchado manantial, el estiércol
del Estrecho te manda,
y no tiene de cruz tu pecho sino un grito
del mar, un grito blanco, de luz marina,
y de tenaza, de tumbo en tumbo, de aguijón demolido.

Llega al Pacífico

Porque el siniestro día del mar termina un día,
y la mano nocturna corta uno a uno sus dedos

Magallanes

Wer ist der Gott, der da vorüberfährt? Seht seinen Bart
     voller Würmer
und sein Beinkleid, an dem die undurchdringliche
     Atmosphäre
haftet und zubeißt wie ein schiffbrüchiger Hund:
sein Wuchs hat die Schwere eines verfluchten Ankers,
und das Weltmeer saust und der Nordwind rast
bis an seine meergetränkten Füße.
                           Schneckengehäuse
des düstren Schattens der Zeit,
                 zerfressener
Sporn, der Küstentrauer greiser Gott, Adlernest
ohne Brut, getrübter Quell, dich beherrscht
der Meeresenge Vogeldünger,
und deine Brust trägt kein Kreuz, nur einen Schrei
der See, einen weißen Schrei aus Meereslicht,
Schrei abgebrochenen Stachels und Zangenrisses
von Sturz zu Sturz der Wogen.

Er erreicht das Pazifische Meer

Denn der Wasser düstrer Tag einmal geht zu Ende,
und die Hand der Nacht schneidet einen um den andern
     ihrer Finger ab,

hasta no ser, hasta que el hombre nace
y el capitán descubre dentro de sí el acero
y la América sube su burbuja
y la costa levanta su pálido arrecife
sucio de aurora, turbio de nacimiento
hasta que de la nave sale un grito y se ahoga
y otro grito y el alba que nace de la espuma.

Todos han muerto

Hermanos de agua y piojo, de planeta carnívoro:
visteis, al fin, el árbol del mástil agachado
por la tormenta? Visteis la piedra machacada
bajo la loca nieve brusca de la ráfaga?
Al fin, ya tenéis vuestro paraíso perdido,
al fin, tenéis vuestra guarnición maldiciente,
al fin, vuestros fantasmas atravesados del aire
besan sobre la arena la huella de la foca.
Al fin, a vuestros dedos sin sortija
llega el pequeño sol del páramo, el día muerto,
temblando, en su hospital de olas y piedras.

bis sie nicht mehr ist, bis der Mensch geboren
und in seinem Innern der Kapitän entdeckt den Stahl
und Amerika wie eine Wasserblase aufsteigt
und die Küste ihr blasses Felsenriff erhebt,
besprüht vom Frührot, trübe von Geburt,
bis ein Ruf ertönt vom Schiff und untergeht
und ein zweiter Ruf und das Tagesdämmern, das der
        Wogenschaum gebiert.

Alle sind tot

Brüder von Wasser und Laus, des fleischfressenden Planeten:
sahet ihr, endlich, den Mastbaum gebeugt vom Sturm?
Saht ihr den Stein unter dem irren
ungestümen Schnee der Böen zermalmt?
Endlich, nun habt ihr euer verlorenes Paradies,
endlich habt ihr euren verleumderischen Rastort,
endlich küssen eure luftdurchflossenen Schemen
der Robben Spur auf dem Strand.
Endlich erreicht eure ringlosen Finger
des Ödlands schwächliche Sonne, der tote Tag,
bebend, in seinem Siechenhaus aus Stein und Welle.

Surgen los hombres

Allí germinaban los toquis.
De aquellas negras humedades,
de aquella lluvia fermentada
en la copa de los volcanes
salieron los pechos augustos,
las claras flechas vegetales,
los dientes de piedra salvaje,
los pies de estaca inapelable,
la glacial unidad del agua.

> Arauco fué un útero frío,
> hecho de heridas, machacado
> por el ultraje, concebido
> entre las ásperas espinas,
> arañado en los ventisqueros,
> protegido por las serpientes.

> Asi la tierra extrajo al hombre.

Creció como una fortaleza.
Nació de la sangre agredida.
Amontonó su cabellera
como un pequeño puma rojo
y los ojos de piedra dura
brillaban desde la materia
como fulgores implacables
salidos de la caceria.

Die Menschen treten hervor

Dort erstanden die Toquis.
Jenen nachtschwarzen Feuchtigkeiten,
jenem Regen, im Kelch der Vulkane
gegoren, entstammten
die majestätische Brust,
die lichten Pflanzenpfeile,
die Zähne urwilden Gesteins,
des unausweichbaren Pfahlwerks Stämme,
die eisige Einheit der Wasser.

Ein kalter Mutterschoß war Araukanien,
aus Wunden erschaffen, von Schmach
zermalmt, inmitten der scharfen
Dornen befruchtet,
zerschrunden im ewigen Schnee,
von Schlangen beschützt.

So brachte die Erde den Menschen hervor.

Aufwuchs er wie eine Feste.
Geboren vom überfallenen Geschlecht.
Ein kleiner roter Puma,
auf sträubte er seine dichte Mähne,
und die Augen aus hartem Stein
funkelten aus dem Irdischen
wie unerbittliches Glänzen, der Hetzjagd
entronnen.

El corazón de Pedro de Valdivia

Llevamos a Valdivia bajo el árbol.

Era un azul de lluvia, la mañana con fríos
filamentos de sol deshilachado.
Toda la gloria, el trueno,
turbulentos yacían
en un montón de acero herido.
El canelo elevaba su lenguaje
y un fulgor de luciérnaga mojada
en toda su pomposa monarquía.

Trajimos tela y cántaro, tejidos
gruesos como las trenzas conyugales,
alhajas como almendras de la luna,
y los tambores que llenaron
la Araucanía con su luz de cuero.
Colmamos las vasijas de dulzura
y bailamos golpeando los terrones
hechos de nuestra propia estirpe oscura.

Luego golpeamos el rostro enemigo.

Luego cortamos el valiente cuello.

Qué hermosa fué la sangre del verdugo
que repartimos como una granada,
mientras ardía viva todavía.

Das Herz Pedro de Valdivias

Wir führten Valdivia unter den Baum.

Ein einziges Regenblau war der Morgen, mit kühlen
Fäden einer zerfaserten Sonne.
Der ganze Ruhm, das Donnerdröhnen,
sie lagen hingestreckt, ungestüm
in einem Haufen wunden Stahls.
Der Zimmetbaum erhob seine Stimme.
und ein betautes Leuchtkäferfunkeln
überall in seinem prunkhaften Herrschertum.

Wir trugen Stoffe und Krüge herbei,
Gewebe, fest wie eheliche Bande,
Geschmeide wie Mandeln vom Monde
und die Urwaldtrommeln, die Araukanien
mit ihrem Lederglanz erfüllten.
Wir gossen die Trinkgefäße randvoll mit Süße
und tanzten, die Erdschollen stampfend, die
unser eigenes dunkles Geschlecht erschaffen.

Dann schlugen wir des Feindes Antlitz.

Dann schlugen wir ab den mutigen Kopf.

Wie schön war des Henkers Blut,
das wir verteilten wie eine Granatfrucht,
während es noch lebendig glühte.

Luego, en el pecho entramos una lanza
y el corazón alado como un ave
entregamos al árbol araucano.
Subió un rumor de sangre hasta su copa.

Entonces, de la tierra
hecha de nuestros cuerpos, nació el canto
de la guerra, del sol, de las cosechas,
hacia la magnitud de los volcanes.
Entonces repartimos el corazón sangrante.
Yo hundí los dientes en aquella corola
cumpliendo el rito de la tierra:

> »Dame tu frío, extranjero malvado.
> Dame tu valor de gran tigre.
> Dame en tu sangre tu cólera.
> Dame tu muerte para que me siga
> y lleve el espanto a los tuyos.
> Dame la guerra que trajiste.
> Dame tu caballo y tus ojos.
> Dame la tiniebla torcida.
> Dame la madre del maíz.
> Dame la lengua del caballo.
> Dame la patria sin espinas.
> Dame la paz vencedora.
> Dame el aire donde respira
> el canelo, señor florido.«

Dann stießen wir in seine Brust die Lanze,
und das Herz, wie ein Vogel geflügelt,
brachten wir dar dem araukanischen Baum.
Ein Rauschen von Blut stieg auf bis zum Wipfel.

Da blühte aus der von unsern Leibern
erschaffenen Erde das Lied auf
des Krieges, der Sonne, der Ernten, hin
zu der Erhabenheit der Vulkane.
Dann verteilten wir das blutende Herz.
Ich grub, das Gesetz der Erde erfüllend,
die Zähne hart in jene Blütenkrone:

>   »Gib mir deine Eiseskälte, ruchloser Fremdling.
>   Gib mir deinen mächtigen Tigermut.
>   Gib mir mit deinem Blut deinen Zorn.
>   Gib mir deinen Tod, daß er mir folge
>   und Schrecken trage unter die Deinen.
>   Gib mir den Krieg, den du führtest.
>   Gib mir dein Pferd und deine Augen.
>   Gib mir deine verwirrende Finsternis.
>   Gib mir das Maiskorn, das mütterliche.
>   Gib mir des Pferdes Stimme.
>   Gib mir das Vaterland dornenleer.
>   Gib mir den sieghaften Frieden.
>   Gib mir die Luft, wo der Zimtbaum
>   atmet, hoher Herr.«

Viaje por la noche de Juárez

Juárez, si recogiéramos
la íntima estrata, la materia
de la profundidad, si cavando tocáramos
el profundo metal de las repúblicas,
esta unidad sería tu estructura,
tu impasible bondad, tu terca mano.

Quien mira tu levita,
tu parca ceremonia, tu silencio,
tu rostro hecho de tierra americana,
si no es de aquí, si no ha nacido en estas
llanuras, en la greda montañosa
de nuestras soledades, no comprende.
Te hablarán divisando una cantera.
Te pasarán como se pasa un río.
Darán la mano a un árbol, a un sarmiento,
a un sombrío camino de la tierra.

Para nosotros eres pan y piedra,
horno y producto de la estirpe oscura.
Tu rostro fué nacido en nuestro barro.
Tu majestad es mi región nevada,
tus ojos la enterrada alfarería.
Otros tendrán el átomo y la gota
de eléctrico fulgor, de brasa inquieta:

Reise durch die Nacht des Juárez

Juárez, höben wir
die innerste Erdschicht, die Materie
der Tiefe auf, berührten wir, schürfend,
das unergründliche Erz der Republiken,
wir fänden dann die Einheit: deine Struktur,
deine unparteiische Güte, deine eigenwillige Hand.

Wer deinen Gehrock betrachtet,
deine knappe Höflichkeit, dein Schweigen,
dein Antlitz, geformt aus amerikanischer Erde,
sofern er nicht von hier ist, nicht geboren ward
in diesen Ebenen, auf diesem hügligen Lehm
unserer Einöden, begreift es nicht.
Sie werden von dir reden, von fern einen Steinbruch
        erspähend.
Sie werden an dir vorüberziehen wie man einen Fluß quert.
Werden die Hand einem Baum reichen, einer Ranke,
einem schattigen Weg des Landes.

Für uns aber bist du Brot und Fels,
Herd und des dunklen Stammes Geschöpf.
Dein Antlitz ward erschaffen aus unserem Lehm.
Deine Majestät ist mein verschneiter Erdstrich,
deine Augen die begrabene Töpferwerkstatt.
Andere werden das Atom haben und den Tropfen
elektrischen Glanzes, ruheloser Glut:

tú eres el muro hecho de nuestra sangre,
tu rectitud impenetrable
sale de nuestra dura geología.

No tienes nada que decir al aire,
al viento de oro que viene de lejos,
que lo diga la tierra ensimismada,
la cal, el mineral, la levadura.

Yo visité los muros de Querétaro,
toqué cada peñasco en la colina,
la lejanía, cicatriz y cráter,
los cactus de ramales espinosos:
nadie persiste allí, se fué el fantasma,
nadie quedó dormido en la dureza:
sólo existen la luz, los aguijones
del matorral, y una presencia pura:
Juárez, tu paz de noche justiciera,
definitiva, férrea y estrellada.

du, aus unsrem Blut geschaffen, du bist die Mauer;
deine Geradheit, undurchdringliche,
entstammt unsrer harten Geologie.

    Du sollst weiter nichts sagen den Lüften,
    dem goldenen Wind, der von weither kommt,
    als was die sinnende Erde spricht,
    das Kalkgestein, das Mineral, das Ferment.

    Ich besuchte die Mauern von Querétaro,
    berührte jeden Felsblock am Hügel,
    die Ferne, Narbung und Krater,
    Kakteen mit stachlichten Armen:
    niemand verharrte dort, das Phantom verschwand,
    niemand verblieb, entschlafen in der Härte:
    einzig das Licht sind, die Stacheln
    des Gestrüpps und ein reines Dasein:
    Juárez, dein Friede einer gerechten Nacht,
    endgültig, eisern, gestirnt.

A Emiliano Zapata con música de Tata Nacho

Cuando acreciaron los dolores
en la tierra, y los espinares desolados
fueron la herencia de los campesinos,
y como antaño, las rapaces
barbas ceremoniales, y los látigos,
entonces, flor y fuego galopado ...

> *Borrachita me voy*
> *hacia la capital*

se encabritó en el alba transitoria
la tierra sacudida de cuchillos,
el peón de sus amargas madrigueras
cayó como un elote desgranado
sobre la soledad vertiginosa.

> *a pedirle al patrón*
> *que me mandó llamar*

Zapata entonces fué tierra y aurora.
En todo el horizonte aparecía
la multitud de su semilla armada.
En un ataque de aguas y fronteras
el férreo manantial de Coahuila,
las estelares piedras de Sonora:
todo vino a su paso adelantado,
a su agraria tormenta de herraduras.

Auf Emiliano Zapata mit Musik von Tata Nacho

Als auf der Erde die Schmerzen
größer wurden und die öden Dornenfelder
der Bauern Erbe waren
und wie ehemals habsüchtige
feierliche Bärte und die Peitschen,
da bäumte, Blüte und Feuer im Ritt durchsprengt ...

> *Borrachita, von hinnen ich zieh*
> *hin zu der Hauptstadt ...*

die von Messern geschüttelte Erde
sich auf im vergänglichen Dämmer;
wie ein entkörnter Maiskolben fiel
der Peon von seinem Schmerzenslager
auf die taumelnde Einöde nieder.

> *zu fordern mir vom Patron*
> *der rufen mich ließ*

Zapata damals war Erde und Frührot.
Am Rund des Horizontes erschien
der Haufe seiner bewaffneten Saat.
Im Angriff über Wasser und Grenzen
von Coahuila der eiserne Quell,
von Sonora siderische Steine,
alles folgte seinem tollkühnen Zug,
seinem bäuerlichen Hufeisensturm.

que si se va del rancho
muy pronto volverá

Reparte el pan, la tierra:
                              te acompaño.
Yo renuncio a mis párpados celestes.
Yo, Zapata, me voy con el rocío
de las caballerías matutinas,
en un disparo desde los nopales
hasta las casas de pared rosada.

... cintitas pa tu pelo
no llores por tu Pancho ...

La luna duerme sobre las monturas.
La muerte amontonada y repartida
yace con los soldados de Zapata.
El sueño esconde bajo los baluartes
de la pesada noche su destino,
su incubadora sábana sombría.
La hoguera agrupa el aire desvelado:
grasa, sudor y pólvora nocturna.

... Borrachita me voy
para olvidarte ...

Pedimos patria para el humillado.

und wenn er auch den Rancho verläßt
bald kehrt er doch wieder

Brot verteilt er und Boden:
                              dir folge ich.
Ich entsag ihren himmlischen Augenlidern.
Ich, Zapata, ich ziehe fort mit dem Tau
der morgendlichen Reiterscharen,
bei einem Büchsenschuß von den Opuntien
zu den Häusern mit rosenroter Wand.

        ... Seidenbänder für deine Haare
        weine nicht um deinen Pancho ...

Der Mond schläft auf den Monturen.
Mit den Soldaten Zapatas
gehäuft und ausgeteilt ruht der Tod.
Unter dem Wehr der bedrückenden Nacht
verbirgt der Schlaf ihr Verhängnis,
düsteres Linnen, unheilschwanger.
Das Lagerfeuer zieht um sich die wache Luft:
Fett, Schweiß und nächtlicher Pulverdampf.

        ... Borrachita, von hinnen ich zieh
        dich zu vergessen ...

Heimat fordern wir für den Erniedrigten.

Tu cuchillo divide el patrimonio
y tiros y corceles amedrentan
los castigos, la barba del verdugo.
La tierra se reparte con un rifle.
No esperes, campesino polvoriento,
después de tu sudor la luz completa
y el cielo parcelado en tus rodillas.
Levántate y galopa con Zapata.

> *. . . Yo la quise traer*
> *dijo que no . . .*

México, huraña agricultura, amada
tierra entre los oscuros repartida:
de las espadas del maíz salieron
al sol tus centuriones sudorosos.

De la nieve del Sur vengo a cantarte.

Déjame galopar en tu destino
y llenarme de pólvora y arados.

> *. . . Que si habrá de llorar*
> *pa qué volver . . .*

Deine Klinge der Väter Erbe teilt,
und Schüsse und Streitrosse schüchtern
die Strafen ein, des Henkers Bart.
Die Erde verteilt man mit einem Gewehr.
Erwarte nicht, Bauer, staubbedeckter,
nach deiner Mühsal das vollkommene Licht
und, kniefällig, den Himmel parzelliert.
Steh auf und reite mit Zapata.

> *... ich wollte sie mit mir nehmen*
> *sie aber sagte nein ...*

Mexiko, spröder Ackerbau, geliebte,
unter die Namenlosen verteilte Erde:
hervor aus den Lanzen des Maisfelds traten
schweißbedeckt in die Sonne deine Hundertschaften.

Aus des Südens australem Schnee komme ich, dich zu singen.

Laß mich hingaloppieren in deinem Geschick
und erfüllt von Pflugscharen und Pulverdampf.

> *... Wenn man doch weinen muß*
> *warum dann wiederkehren ...?*

Ecuador

Dispara Tunguragua aceite rojo,
Sangay sobre la nieve
derrama miel ardiendo,
Imbabura de tus cimeras
iglesias nevadas arroja
peces y plantas, ramas duras
del infinito inaccesible,
y hacia los páramos, cobriza
luna, edificación crepitante,
deja caer tus cicatrices
como venas sobre Antisana,
en la arrugada soledad
de Pumachaca, en la sulfúrica
solemnidad de Pambamarca,
volcán y luna, frío y cuarzo,
llamas glaciales, movimiento
de catástrofes, vaporoso
y huracanado patrimonio.

Ecuador, Ecuador, cola violeta
de un astro ausente, en la irisada
muchedumbre de pueblos que te cubren
con infinita piel de frutería,
ronda la muerte con su embudo,
arde la fiebre en los poblados pobres,
el hambre es un arado
de ásperas púas en la tierra,

Ecuador

Rotes Öl schießt aus dem Vulkan Tunguragua,
über den Schnee vergießt
der Sangay glühenden Honig,
Imbabura, von deinen hoch oben
verschneiten Domen schleuderst du
Fische und Pflanzen hinab, hartes Geäst
der unerreichbaren Unendlichkeit,
und auf die Páramos, kupferner
Mond, knisterndes Bauwerk,
läßt du deine Narben,
Adern gleich, niedergleiten auf Antisana
und in die zerklüftete Einsamkeit
von Pumachaca, ins schweflige
Gepränge Pambamarcas:
Vulkan und Mond, Kälte und Quarz,
eisige Flammen, Antrieb von Katastrophen,
Erbe, dampfend
und sturmzerwühlt.

Ecuador, Ecuador, violetter Schweif
abwesenden Gestirns, in der irisierenden
Völkermenge, die dich überzieht
mit einer unendlichen Haut von Früchten,
macht der Tod mit seiner Fallgrube die Runde,
in den elenden Dörfern glüht das Fieber,
der Hunger ist eine Pflugschar
mit scharfen Stacheln in der Erde,

y la misericordia te golpea
el pecho con sayales y conventos,
como una enfermedad humedecida
en las fermentaciones de las lágrimas.

und die Barmherzigkeit pocht
an deine Brust mit härenen Kutten und Klöstern
wie ein Gebrechen, durchtränkt
vom Gären der Tränen.

Desde arriba (1942)

Lo recorrido, el aire
indefinible, la luna de los cráteres,
la seca luna derramada
sobre las cicatrices,
el calcáreo agujero de la túnica rota,
el ramaje de venas congeladas, el pánico del cuarzo,
del trigo, de la aurora,
las llaves extendidas en las rocas secretas,
la aterradora línea
del Sur despedazado,
el sulfato dormido en su estatura
de larga geografía,
y las disposiciones de turquesa
rodando en torno de la luz cortada,
del acre ramo sin cesar florido,
de la espaciosa noche de espesura.

Von oben herab (1942)

Durchmessener Raum, die nicht bestimmbare
Luft, der Krater Mondwelt,
dürres Licht des Mondes
ausgegossen über die Narben,
das kalkige Loch der zerfetzten Tunika,
der Flußadern eisstarres Geäst, die Panik des Quarzsteins,
des Korns, des Frührots,
ausgedehnte Zugänge in geheime Felsen,
die schreckenerregende Linie
des zerklüfteten Südens,
Schwefel, ruhend in seinem Wuchs
einer langgestreckten Geographie,
und die Anordnung des Türkis
kreisend um das abgeschnittene Licht,
das immerblühende herbe Gezweig,
des Dickichts geräumige Nacht.

Invierno en el sur, a caballo

Yo he traspasado la corteza mil
veces agredida por los golpes australes:
he sentido el cogote del caballo dormirse
bajo la piedra fría de la noche del Sur,
tiritar en la brújula del monte deshojado,
ascender en la pálida mejilla que comienza:
yo conozco el final del galope en la niebla,
el harapo del pobre caminante:
y para mí no hay dios sino la arena oscura,
el lomo interminable de la piedra y la noche,
el insociable día
con un advenimiento
de mala ropa, de alma exterminada.

Winter im Süden zu Pferde

Ich bin durch der Wälder Rinde gedrungen,
die tausendfach angefallen war vom australen Schlag:
ich habe des Pferdes Hinterkopf einschlafen gefühlt
unter dem eisigen Stein der Nacht dieses Südens,
frösteln in der Klamm des entblätterten Berges,
aufwärtssteigen an fahler beginnender Felsenwange:
ich kenne das Ende des Galopps im Nebel,
die Lumpen des armen Wandernden:
für mich gibt es nicht Gott, nur den dunklen Staub,
den endlosen Rücken des Steins und die Nacht,
unwirtlich den Tag
mit einer Ankunft
elender Kleidung und vernichteter Seele.

Los crímenes

Tal vez tú, de las noches oscuras has recorrido
el grito con puñal, la pisada en la sangre:
el solitario filo de nuestra cruz mil veces
pisoteada,
los grandes golpes en la callada puerta,
el abismo o el rayo que tragó al asesino
cuando ladran los perros y la violenta policía
llega entre los dormidos
a torcer fuertemente los hilos de la lágrima
tirándolos del párpado aterrado.

Die Verbrechen

Vielleicht in dunklen Nächten hast du den Schrei
mit dem Dolch durchmessen, die Fußspur im Blut:
den einsamen Grat unseres tausendfach
zu Boden getretenen Kreuzes,
die heftigen Schläge an schweigender Tür,
den Abgrund oder den Blitz, der den Mörder verschlang,
wenn die Hunde heulen und die gewalttätige Polizei
unter die Schlafenden tritt,
brutal die Fäden zusammenzudrehen der Tränen,
entsetztem Lid entrissen.

Los dictadores

Ha quedado un olor entre los cañaverales:
una mezcla de sangre y cuerpo, un penetrante
pétalo nauseabundo.
Entre los cocoteros las tumbas están llenas
de huesos demolidos, de estertores callados.
El delicado sátrapa conversa
con copas, cuellos y cordones de oro.
El pequeño palacio brilla como un reloj
y las rápidas risas enguantadas
atraviesan a veces los pasillos
y se reúnen a las voces muertas
y a las bocas azules frescamente enterradas.
El llanto está escondido como una planta
cuya semilla cae sin cesar sobre el suelo
y hace crecer sin luz sus grandes hojas ciegas.
El odio se ha formado escama a escama,
golpe a golpe, en el agua terrible del pantano,
con un hocico lleno de légamo y silencio.

Die Diktatoren

Es blieb ein Ruch in den Zuckerrohrfeldern,
von Blut und Leiche ein Gemisch, ein betäubendes
Blütenblatt, Ekel erregend.
Unter den Kokospalmen die Gräber sind voll von
zerschlagenen Knochen, voll von verstummtem Röcheln.
Der empfindsame Satrap unterhält sich
mit Pokalen, Kragen und goldenen Schnüren.
Der Kleine Palast glänzt wie eine Uhr,
und das blitzhafte Lachen, behandschuht,
huscht zuweilen durch die schmalen Gänge
und verbindet den toten Stimmen sich
und den blauen, frisch eingescharrten Mündern.
Das Weinen ist wie eine Pflanze verborgen,
deren Same unaufhörlich auf den Boden fällt,
die ihre großen blinden Blätter lichtlos treibt.
Schuppe an Schuppe ist der Haß gewachsen,
Schlag um Schlag, im grausigen Wasser des Sumpfs
mit einem Maul voll Schlamm und Schweigen.

Hambre en el sur

Veo el sollozo en el carbón de Lota
y la arrugada sombra del chileno humillado
picar la amarga veta de la entraña, morir,
vivir, nacer en la dura ceniza
agachados, caídos como si el mundo
entrara así y saliera así
entre polvo negro, entre llamas,
y sólo sucediera
la tos en el invierno, el paso
de un caballo en el agua negra, donde ha caído
una hoja de eucaliptus como un cuchillo muerto.

Hunger im Süden

Ich nehme das Seufzen wahr in der Kohle von Lota;
und des erniedrigten Chilenen runzligen Schatten
seh ich tief unten die bittre Erzader brechen, ihn sterben,
leben, zur Welt kommen in harter Asche,
geduckt, hingestreckt, als ob die Welt so
hineingelangte und so auch hinaus
inmitten des schwarzen Staubs und der Flammen;
doch hier wird einzig geschehen
der Husten im Winter, der Schritt
eines Pferdes im schwarzen Wasser, in das
wie ein totes Messer ein Eukalyptusblatt fiel.

El hombre enterrado en la pampa

De tango a tango, si alcanzara
a rayar el dominio, las praderas,
si ya dormido
saliendo de mi boca el cereal salvaje,
si yo escuchara en las llanuras
un trueno de caballos,
una furiosa tempestad de patas
pasar sobre mis dedos enterrados,
besaría sin labios la semilla
y amarraría a ella los vestigios
de mis ojos
para ver el galope que amó mi turbulencia:
mátame, vidalita,
mátame y se derrame mi substancia
como el ronco metal de las guitarras.

Der in der Pampa begrabene Mensch

Wenn es mir gelänge, von einem zum anderen Indiotanz,
das Gebiet zu erhellen, die gräsernen Steppen,
wenn, ich schlafend schon,
aus meinem Mund wildes Korn aufwüchse
und ich lauschte auf den Ebenen
einem Pferdegedröhn,
einem rasenden Sturm von Hufen,
der über meine begrabenen Finger hineilte,
ich würde den Samen mit Küssen bedecken lippenlos
und an ihn die Spuren meiner Augen
heften,
den Galopp zu schaun, den mein Ungestüm liebte:
töte mich, mein trauriges Liebeslied,
töte mich und verstreu meine Substanz
wie das heisere Metall der Gitarren.

Océano

Si tu desnudo aparecido y verde,
si tu manzana desmedida, si
en las tinieblas tu mazurca, dónde
está tu origen?
Noche
más dulce que la noche,
                    sal
madre, sal sangrienta, curva madre del agua,
planeta recorrido por la espuma y la médula:
titánica dulzura de estelar longitud:
noche con una sola ola en la mano:
tempestad contra el águila marina,
ciega bajo las manos del sulfato insondable:
bodega en tanta noche sepultada,
corola fría toda de invasión y sonido,
catedral enterrada a golpes en la estrella.

Hay el caballo herido que en la edad de tu orilla
recorre, por el fuego glacial substituído,
hay el abeto rojo transformado en plumaje
y deshecho en tus manos de atroz cristalería,
y la incesante rosa combatida en las islas
y la diadema de agua y luna que estableces.
Patria mía, a tu tierra
todo este cielo oscuro!

Ozean

Wenn, nackt und grün, du ein Phantom,
wenn übermäßig deine Apfelrundheit, wenn
in der Finsternis dein Tanz, wo
dann ist dein Ursprung?
Nacht,
süßer denn die Nacht,
                              Salz
Mutter, grausames Salz, Mutterwölbung des Wassers,
Planet, von Schaumgewoge durchrast und Mark:
titanische Sanftheit sternhafter Breiten:
Nacht mit einer Woge nur in der Hand:
Seesturm wider den Adler des Meeres,
blind unter den Händen des unergründlichen Schwefelsalzes:
Gewölb mit so viel begrabener Nacht,
eisige Blumenkrone aus Angriff ganz und Klang,
Kathedrale unter Donnerschlägen begraben auf dem
        Gestirn.

Da ist das verwundete Pferd, das mit dem Alter deines
        Gestades
dahinjagt, ersetzt durch das eisige Feuer,
da ist die rote Tanne, in Schwingen verwandelt
und vernichtet in deinen Händen aus grausamem Kristall,
und auf den Inseln die beständige Rose, die umstürmte,
und aus Wasser und Mond das Diadem, das du errichtest.
Heimat, dir, deiner Erde
dieser ganze dunkle Himmel!

Toda esta fruta universal, toda esta
delirante corona!
Para ti esta copa de espumas donde el rayo
se pierde como un albatros ciego, y donde el sol del Sur
se levanta mirando tu condición sagrada.

Diese ganze weltumspannende Frucht, diese große
rasende Krone!
Für dich diese Schale voller Schäume, in die der Blitz
sich wie ein blinder Albatros verirrt, wo des antarktischen
        Südens Sonne
aufgeht und anschaut deine verehrungswürdige Natur.

Atacama

Voz insufrible, diseminada
sal, substituída
ceniza, ramo negro
en cuyo extremo aljófar aparece la luna
ciega, por corredores enlutados de cobre.
Qué material, qué cisne hueco
hunde en la arena su desnudo agónico
y endurece su luz líquida y lenta?
Qué rayo duro rompe su esmeralda
entre sus piedras indomable hasta
cuajar la sal perdida?
Tierra, tierra
sobre el mar, sobre el aire, sobre el galope
de la amazona llena de corales:
bodega amontonada donde el trigo
duerme en la temblorosa raíz de la campana:
oh madre del océano!, productora
del ciego jaspe y la dorada sílice:
sobre tu pura piel de pan, lejos del bosque
nada sino tus líneas de secreto,
nada sino tu frente de arena,
nada sino las noches y los días del hombre,
pero junto a la sed del cardo, allí
donde un papel hundido y olvidado, una piedra
marca las hondas cunas de la espada y la copa,
indica los dormidos pies del calcio.

Atacama

Unerträgliche Stimme, ausgestreutes
Salz, stellvertretende
Asche, schwarzer Zweig,
an dessen äußerstem Tropfen Tau der blinde Mond
erscheint durch trauerverhüllte Kupfergänge.
Welche Materie, welch hohler Schwan
senkt seine sterbende Nacktheit in den Sand
und härtet sein langsames flüssiges Licht?
Welch harter Strahl zerbricht seinen Smaragd
zwischen den unbezähmbaren Steinen, bis
er das verlorene Salz geformt?
Land, Land
über dem Meer, über dem Wind, über der hinsprengenden
Amazone, korallenbehängt:
angefülltes Lagergewölb, wo der Weizen
schläft an der bebenden Wurzel der Glocke:
O Mutter des Ozeans! Schöpferin
des blinden Jaspis, des goldenen Kiesels:
über deiner reinen Haut von Brot, waldfern,
nichts als deines Geheimnisses Linien,
nichts als deine sandene Stirn,
nichts als des Menschen Nächte und Tage,
doch nahe der dürstenden Distel, dort,
bei einem versunkenen vergessenen Papier, ein Stein
meldet die tiefen Wiegen von Schwert und Gefäß,
gibt Zeugnis von den schlummernden Gründen des Kalks.

Quilas

Entre las hojas rectas que no saben sonreír
escondes tu plantel de lanzas clandestinas.
Tú no olvidaste. Cuando paso por tu follaje
murmura la dureza, y despiertan palabras
que hieren, sílabas que amamantan espinas.
Tú no olvidas. Eras argamasa mojada
con sangre, eras columna de la casa y la guerra,
eras bandera, techo en mi madre araucana,
espada del guerrero silvestre, araucanía
erizada de flores que hirieron y mataron.
Ásperamente escondes las lanzas que fabricas
y que conoce el viento de la región salvaje,
la lluvia, el águila de los bosques quemados,
y el furtivo habitante recién desposeído.
Tal vez, tal vez: no digas a nadie tu secreto.
Guárdame a mí una lanza silvestre, o la madera
de una flecha. Yo tampoco he olvidado.

Quillasrohr

Zwischen den gradlinigen Blättern, die nicht zu lächeln
    wissen,
verbirgst du deine Pflanzung geheimer Lanzen.
Du hast nicht vergessen. Wenn ich durch dein Laubwerk
    gehe,
flüstert die Härte, und Worte erwachen,
die Wunden schlagen, Laute, die Dornen nähren.
Du vergißt nicht. Warst blutnaß
der Mörtel, warst Säule von Haus und Kampf,
warst das Banner, meiner araukanischen Mutter Dach,
Schwert des Kriegers der Wälder, Araukanien,
von Blüten starrend, die Wunden schlugen, die töteten.
Abweisend verbirgst du die Lanzen, die du erzeugst
und die der Wind der wilden Landschaft kennt,
der Regen, der Adler der verdorrten Wälder
und der scheue Bewohner, jüngst aus seinem Besitz verjagt.
Vielleicht, vielleicht: doch sage niemandem dein Geheimnis.
Bewahre mir eine wildwachsende Lanze oder das Holz
für einen Pfeil. Auch ich habe nicht vergessen.

Jinete en la lluvia

Fundamentales aguas, paredes de agua, trébol
y avena combatida,
cordelajes ya unidos a la red de una noche
húmeda, goteante, salvajemente hilada,
gota desgarradora repetida en lamento,
cólera diagonal cortando cielo.
Galopan los caballos de perfume empapado,
bajo el agua, golpeando el agua, interviniéndola
con sus ramajes rojos de pelo, piedra y agua:
y el vapor acompaña como una leche loca
el agua endurecida con fugaces palomas.
No hay día sino los cisternales
del clima duro, del verde movimiento
y las patas anudan veloz tierra y transcurso
entre bestial aroma de caballo con lluvia.
Mantas, monturas, pellones agrupados
en sombrías granadas sobre los
ardientes lomos de azufre que golpean
la selva decidiéndola.
                            Más allá, más allá, más allá, más allá,
más allá, más allá, más allá, más alláaaaa,
los jinetes derriban la lluvia, los jinetes
pasan bajo los avellanos amargos, la lluvia
tuerce en trémulos rayos su trigo sempiterno.
Hay luz del agua, relámpago confuso
derramado en la hoya, y del mismo sonido del galope

Reiter im Regen

Fundamentale Wasser, Wände von Wasser, Klee
und umstürmter Hafer,
das Halfterzeug schon verstrickt dem Netz einer nassen,
träufenden, urwild gesponnenen Nacht,
reißender Regentropfen, wiederkehrend in einem
     Wehklagen immer,
diagonaler Zorn, der den Himmel durchschneidet.
Vollgesogen von Duft, hinsprengen die Pferde
unter den Güssen, das Wasser stampfend, dazwischenfahrend
mit ihrem roten Gewirr aus Fell, Stein und Wasser:
und der Dampf, eine irrtobende Milch, begleitet
mit flüchtigen Tauben das erbitterte Wasser.
Da war kein Tag, nur Zisternendunkel
der rauhen Zone, der grünen Lebendigkeit,
und im beizenden Pferdegeruch die Hufe verbinden
auffliegende Erde, rasende Zeit mit dem Regen.
Ponchos, Monturen, Felldecken, zu düstren Granatfrüchten
geballt auf den
heißen Schwefelrücken, die die Wildnis zerteilen
und schlagen.
     Voran, voran, voran, voran,
voran, voran, voran, voraaaaaaan,
die Reiter mähen den Regen nieder, die Reiter
jagen unter den bitteren Avellanos dahin, der Regen
windet sein ewiges Korn zu schwirrenden Strahlen.
Da: ein Geleucht des Wassers, ein wirrer Blitz
ins Blattwerk verstreut, und vom Hall des Galopps selbst

sale un agua sin vuelo, herida por la tierra.
Húmeda rienda, bóveda enramada,
pasos de pasos, vegetal nocturno
de estrellas rotas como hielo o luna, ciclónico caballo
cubierto por las flechas como un helado espectro,
lleno de nuevas manos nacidas en la furia,
golpeante manzana rodeada por el miedo
y su gran monarquía de temible estandarte.

fliegt flügellos Wasser auf, vom Erdreich verwundet.
Durchnäßter Zügel, Wölbung, umlaubt,
immer im Trab, Pflanzennocturno
der Sterne, zerbrochen wie Eis oder Mond, zyklonisches Pferd
wie ein vereistes Gespenst, von Pfeilen bedeckt,
vollendet mit frischen im Wüten geborenen Füßen,
ausschlagende Apfelgestalt, umdrängt von Furcht
und der gewaltigen Herrschaft Schrecken erregender
        Standarte.

Oda de invierno al río Mapocho

Oh, sí, nieve imprecisa,
oh, sí, temblando en plena flor de nieve,
párpado boreal, pequeño rayo helado
quién, quién te llamó hacia el ceniciento valle,
quién, quién te arrastró desde el pico del águila
hasta donde tus aguas puras tocan
los terribles harapos de mi patria?
Río, por qué conduces
agua fría y secreta,
agua que el alba dura de las piedras
guardó en su catedral inaccesible,
hasta los pies heridos de mi pueblo?
Vuelve, vuelve a tu copa de nieve, río amargo,
vuelve, vuelve a tu copa de espaciosas escarchas,
sumerge tu plateada raíz en tu secreto origen
o despéñate y rómpete en otro mar sin lágrimas!
Río Mapocho cuando la noche llega
y como negra estatua echada
duerme bajo tus puentes como un racimo negro
de cabezas golpeadas por el frío y el hambre
como por dos inmensas águilas, oh río,
oh duro río parido por la nieve,
por qué no te levantas como inmenso fantasma
o como nueva cruz de estrellas para los olvidados?
No, tu brusca ceniza corre ahora

Winterode an den Mapochofluß

O ja, unsteter Schnee,
o ja, in voller Schneeblüte zitternd,
Augenlid des Nordens, kleiner gefrorener Blitz,
wer rief dich, wer, ins aschene Tal,
wer schleppte dich, wer, aus dem Schnabel des Adlers
hinab hier, wo deine klaren Fluten die schrecklichen
Fetzen berühren meines Heimatlandes?
Strom, warum führst du
Wasser, kalt und geheim,
Wasser, die der Steine harte Dämmerung
bewahrten in ihrem unzugänglichen Dom,
bis zu meines Volkes wunden Füßen hinab?
Kehre um, kehre zurück zu deiner Mulde Schnee, bitterer Fluß,
kehre, kehre zurück zu deiner Schale unermeßlichen
        Rauhreifs,
senk deine Silberwurzel in deinen geheimen Ursprung,
oder stürz dich hinab, zerstiebe in ein andres, ein Meer ohne
        Tränen!
Mapocho-Strom, und kommt dann die Nacht
und schläft wie ein gestürztes schwarzes Standbild
unter deinen Brücken mit einem schwarzen Bündel
Köpfe, von Kälte geschlagen und Hunger
wie von zwei gewaltigen Adlern, o Strom,
o harter, vom Schnee geborener Strom,
warum erhebst du dich nicht als riesenhaftes Gespenst
oder als neues Sternenkreuz für die Vergessenen?
Nein, deine ungestüme Asche fließt jetzt neben dem

junto al sollozo echado al agua negra,
junto a la manga rota que el viento endurecido
hace temblar debajo de las hojas de hierro.
Río Mapocho, adónde llevas
plumas de hielo para siempre heridas,
siempre junto a tu cárdena ribera
la flor salvaje nacerá mordida por los piojos
y tu lengua de frío raspará las mejillas
de mi patria desnuda?
                    Oh, que no sea,
oh, que no sea, y que una gota de tu espuma negra
salte del légamo a la flor del fuego
y precipite la semilla del hombre!

ins schwarze Wasser geschütteten Schluchzen dahin,
neben dem zerschlissenen Ärmel, den der gehärtete Wind
erzittern macht unter den eisernen Blättern.
Wohin, Mapocho-Fluß, führst du
für immer verwundete Federn aus Eis,
wird an deinem fahlen Ufer immer
die wilde Blume erstehen, von Läusen zerfressen,
und deine Zunge aus Kälte die Wangen zerschaben
meines entblößten Landes?
                  O möge es nicht sein,
o möge es nicht sein, möchte doch deines schwarzen Schaumes
     ein Tropfen
aufspringen aus dem Schlamm zur Blume des Feuers
und des Menschen Saat beschleunigen!

Eufrosino Ramírez *(Casa Verde, Chuquicamata)*

Teníamos que tomar las planchas calientes
del cobre con las manos, y entregárselas
a la pala mecánica. Salían casi ardiendo,
pesaban como el mundo, íbamos extenuados
transportando las láminas del mineral, a veces
una de ellas caía sobre un pie quebrantándolo,
sobre una mano dejándola convertida en muñón.
Vinieron los gringos y dijeron: »Llévenlas
en menos tiempo, y váyanse a sus casas.«
A duras penas, para irnos más temprano,
hicimos la tarea. Pero volvieron ellos:
»Ahora trabajan menos, ganen menos.«
Fué la huelga en la Casa Verde, diez semanas,
huelga, y cuando volvimos al trabajo,
con un pretexto: dónde está su herramienta?,
me echaron a la calle. Usted mire estas manos,
son sólo callos que hizo el cobre,
óigame el corazón, no le parece
que da saltos?, el cobre lo machaca,
y apenas puedo andar de un sitio a otro
buscando, hambriento, trabajo que no encuentro:
parece que me ven agachado, llevando
las hojas invisibles del cobre que me mata.

Eufrosino Ramírez *(Casa Verde, Chuquicamata)*

Wir mußten die heißen Kupferplatten
mit Händen ergreifen und sie der mechanischen
Schaufel übergeben. Sie kamen fast glühend heraus,
wogen schwer wie die Welt, wir schafften erschöpft
die Erzplatten fort, zuweilen
fiel eine uns auf den Fuß und zermalmte ihn,
auf eine Hand und ließ einen Armstumpf zurück.
Kamen die Yankees und sagten: »Schafft sie fort
in kürzerer Zeit und macht, daß ihr dann heimkommt.«
Unter schweren Mühen, um früher herauszukommen,
haben wir die Arbeit bewältigt. Jene aber kehrten zurück:
»Jetzt arbeitet ihr weniger, also verdient ihr auch weniger.«
Da kam es zum Streik in Casa Verde, zehn Wochen
Streik, und als wir zurückkehrten zur Arbeit,
warfen sie mich unter dem Vorwand:
wo ist dein Werkzeug? auf die Straße. Sehen Sie diese Hände,
nur Schwielen sind es, die das Kupfer preßte,
hören Sie mein Herz, scheint es Ihnen nicht,
daß es zum Zerspringen klopft? das Kupfer zermalmt es,
kaum kann ich mich noch von einem Ort zum andern
        bewegen,
hungrig, auf der Suche nach Arbeit, die ich nicht finde:
es sieht so aus, als ginge ich gebückt umher und schleppte
des Kupfers unsichtbare Platten, das mich tötet.

Paz para los crepúsculos

Paz para los crepúsculos que vienen,
paz para el puente, paz para el vino,
paz para las letras que me buscan
y que en mi sangre suben enredando
el viejo canto con tierra y amores,
paz para la ciudad en la mañana
cuando despierta el pan, paz para el río
Mississipi, río de las raíces:
paz para la camisa de mi hermano,
paz en el libro como un sello de aire,
paz para el gran koljós de Kiev,
paz para las cenizas de estos muertos
y de estos otros muertos, paz para el hierro
negro de Brooklyn, paz para el cartero
de casa en casa como el día,
paz para el coreógrafo que grita
con un embudo a las enredaderas,
paz para mi mano derecha,
que sólo quiere escribir Rosario:
paz para el boliviano secreto
como una piedra de estaño, paz
para que tú te cases, paz para todos
los aserraderos de Bío-Bío,
paz para el corazón desgarrado
de España guerrillera:
paz para el pequeño Museo de Wyoming
en donde lo más dulce

Friede für die Abenddämmerungen

Friede für die Abenddämmerungen, die kommen,
Friede für die Brücke, Friede für den Wein,
Friede für die Lettern, die mich suchen
und in meinem Blut aufsteigen,
das alte Lied umwindend mit Erde und Liebe,
Friede für die Stadt am Morgen,
wenn das Brot erwacht, Friede für den Fluß
Mississippi, Strom der Wurzeln,
Friede für meines Bruders Hemd,
Friede im Buche — wie ein Siegel aus Luft,
Friede für das große Kolchos von Kiew,
Friede der Asche dieser Toten
und jener anderen Toten, Friede für das schwarze
Eisen Brooklyns, Friede für den Briefträger,
der von Haus zu Haus geht wie des Tages Licht,
Friede für den Choreographen, der
durch einen Trichter hin zu den Ackerwinden ruft,
Friede für meine rechte Hand,
die nur schreiben will Rosario:
Friede für den Bolivianer, der
verschlossen wie Zinnstein ist, Friede,
damit du dich vermählst, Friede für alle
Sägemühlen am Bio-Bio,
Friede für das zerfetzte Herz
des Partisanenspaniens,
Friede für das kleine Museum von Wyoming,
wo das Rührendste

es una almohada con un corazón bordado,
　　　y paz para la harina: paz
　　　y paz para la harina: paz
　　　para todo el trigo que debe nacer,
　　　para todo el amor que buscará follaje,
　　　paz para todos los que viven: paz
　　　para todas las tierras y las aguas.

Yo aquí me despido, vuelvo
a mi casa, en mis sueños,
vuelvo a la Patagonia en donde
el viento golpea los establos
y salpica hielo el Océano.
Soy nada más que un poeta: os amo a todos,
ando errante por el mundo que amo:
en mi patria encarcelan mineros
y los soldados mandan a los jueces.
Pero yo amo hasta las raíces
de mi pequeño país frío.
Si tuviera que morir mil veces
allí quiero morir:
si tuviera que nacer mil veces
allí quiero nacer,
cerca de la araucaria salvaje,
del vendaval del viento sur,
de las campanas recién compradas.
Que nadie piense en mí.

ein Kopfkissen ist mit einem gestickten Herzen,
Friede dem Bäcker und seinen Liebschaften
    und Friede für das Mehl: Friede
    für alles Getreide, das da wachsen soll,
    für alle Liebe, die Laubdickicht sucht,
    Friede für alle, die leben: Friede
    der gesamten Erde und den Wassern.

Hier nehme ich Abschied, kehre
zurück in mein Haus, in meine Träume,
kehre nach Patagonien heim, wo
der Wind an die Ställe klopft
und der Ozean Eis sprüht.
Ich bin nur ein Dichter: ich liebe euch alle,
umherirrend ziehe ich durch die Welt, die ich liebe:
in meinem Vaterland kerkern sie die Kumpel ein,
und Soldaten befehlen den Richtern.
Aber ich liebe sogar die Wurzeln
meines kleinen kalten Landes.
Müßte ich tausendmal sterben,
immer dort wollte ich sterben:
würde ich tausendmal geboren,
immer dort wollt ich geboren sein,
nah der wilden Andentanne,
dem Toben des Südwinds nah
und den kürzlich gekauften Glocken.
Niemand denke an mich.

Pensemos en toda la tierra,
golpeando con amor en la mesa.
No quiero que vuelva la sangre
a empapar el pan, los frijoles,
la música: quiero que venga
conmigo el minero, la niña,
el abogado, el marinero,
el fabricante de muñecas,
que entremos al cine y salgamos

a beber el vino más rojo.

Yo no vengo a resolver nada.

Yo vine aquí para cantar
y para que cantes conmigo.

An die ganze Erde wollen wir denken,
auf den Tisch voll Liebe hämmernd.
Ich will nicht, daß wieder Blut
das Brot durchtränke, die Bohnen,
die Musik: ich will, daß
der Bergmann, das Kind,
der Anwalt, der Matrose,
der Puppenfabrikant mit mir kommen,
daß wir ins Kino gehn und herauskommen,

   Wein zu trinken, den rotesten Wein.

   Ich komme nicht, etwas zu lösen.

   Ich kam hierher, um zu singen
   und auf daß du mit mir singst.

El Gran Océano

Si de tu dones y de tus destrucciones, Océano, a mis manos
pudiera destinar una medida, una fruta, un fermento,
escogería tu reposo distante, las líneas de tu acero,
tu extensión vigilada por el aire y la noche,
y la energía de tu idioma blanco
que destroza y derriba sus columnas
en su propia pureza demolida.

No es la última ola con su salado peso
la que tritura costas y produce
la paz de arena que rodea el mundo:
es el central volumen de la fuerza,
la potencia extendida de las aguas,
la inmóvil soledad llena de vidas.
Tiempo, tal vez, o copa acumulada
de todo movimiento, unidad pura
que no selló la muerte, verde víscera
de la totalidad abrasadora.

Del brazo sumergido que levanta una gota
no queda sino un beso de la sal. De los cuerpos
del hombre en tus orillas una húmeda fragancia
de flor mojada permanece. Tu energía
parece resbalar sin ser gastada,
parece regresar a su reposo.

Der große Ozean

Wenn von deinen Gaben, deinen Verderben, Ozean,
für meine Hände ich ein Maß bestimmen könnte,
    eine Frucht, ein Ferment,
ich wählte deine ferne Ruhe, die Linien deines Stahls,
deine von Luftraum und Nacht bewachte Erstreckung
und deiner weißen Sprache wogende Energie,
die ihre Säulen zerbirst und stürzt
in der eignen vernichteten Reinheit.

Nicht die letzte Woge ists mit ihrem salzenen Gewicht,
sie, die Küsten zermalmt und des Sandes Frieden
erschafft, der die Welt umspannt:
es ist das zentrale Volumen der Kraft,
der Wasser ausgedehnte Macht,
die lebenerfüllte reglose Einsamkeit.
Zeitenraum vielleicht oder Gefäß, mit nichts
angehäuft denn Bewegung; vollkommene Einheit,
die der Tod nicht gezeichnet, grünes Eingeweid
der verzehrenden Totalität.

Vom untergetauchten Arm, der einen Tropfen emporhebt,
nichts verbleibt als der Kuß des Salzes. Von den Leibern
des Menschen an deinen Gestaden ein feuchter
Hauch benetzter Blüte bleibt zurück. Deine tiefe Energie
scheint hinzugleiten, ohne je sich aufzubrauchen,
scheint zurückzukehren zu ihrer Ruhe.

La ola que desprendes,
arco de identidad, pluma estrellada,
cuando se despeñó fué sólo espuma,
y regresó a nacer sin consumirse.
Toda tu fuerza vuelve a ser origen.
Sólo entregas despojos triturados,
cáscaras que apartó tu cargamento,
lo que expulsó la acción de tu abundancia,
todo lo que dejó de ser racimo.

Tu estatua está extendida más allá de las olas.
Viviente y ordenada como el pecho y el manto
de un solo ser y sus respiraciones,
en la materia de la luz izadas,
llanuras levantadas por las olas,
forman la piel desnuda del planeta.
Llenas tu propio ser con tu substancia.

Colmas la curvatura del silencio.

Con tu sal y tu miel tiembla la copa,
la cavidad universal del agua,
y nada falta en ti como en el cráter
desollado, en el vaso cerril:
cumbres vacías, cicatrices, señales
que vigilan el aire mutilado.

Die Woge, die von dir schnellt,
Bogen gleichen Wesens, sternische Feder,
sie war, da sie niederstürzte, nur Schaum
und rollte zurück, um neu zu erstehn, ohne sich zu verzehren.
All deine Kraft kehrt zurück, um Ursprung zu sein.
Einzig gibst du zermalmtes Geschlinge preis,
Schalen, die deine Schiffsfracht von sich warf,
alles, was deine tätige Fülle ausstieß,
was aufhörte Blütendolde zu sein.

Dein Standbild liegt jenseits der Wogen gebreitet.
Lebendig und wohlgefügt wie die Brust und die Hülle
eines einzigen Wesens und seines Atmens,
aufgeschwungen in des Lichtes Materie,
bilden von den Wellen emporgehobene Flächen
die nackte Haut des Planeten.
Dein eigenes Sein füllst du an mit deiner Substanz.

Du krönst des Schweigens Wölbung.

Mit deinem Salz und deinem Honig bebt das Weltenbecken,
der Wasser allumfassende Hohlraum,
und nichts fehlt in dir wie im zerschundenen
Krater, im ungeschliffenen Glas:
leere Gipfel, Narben, Zeichen
bewachen die verstümmelte Luft.

Tus pétalos palpitan contra el mundo,
tiemblan tus cereales submarinos,
las suaves ovas cuelgan su amenaza,
navegan y pululan las escuelas,
y sólo sube al hilo de las redes
el relámpago muerto de la escama,
un milímetro herido en la distancia
de tus totalidades cristalinas.

Deine Blüten pochen an das Weltall,
deine unterseeischen Getreide zittern,
die sanften Algen lassen ihr Bedrohen niederhangen,
es schwimmen die Brutschwärme und mehren sich,
und einzig zum Garn der Netze auf
steigt der tote Blitz der Schuppe,
ein Millimeter, wund in der Ferne
deiner kristallenen Totalitäten.

Los peces y el ahogado

De pronto vi pobladas las regiones
de intensidad, de formas aceradas,
bocas como una línea que cortaba,
relámpagos de plata sumergida,
peces de luto, peces ojivales,
peces de firmamento tachonado,
peces cuyos lunares resplandecen,
peces que cruzan como escalofríos,
blanca velocidad, ciencias delgadas
de la circulación, bocas ovales
de la carnicería y el aumento.
Hermosa fué la mano o la cintura
que rodeada de luna fugitiva
vió trepidar la población pesquera,
húmedo río elástico de vidas,
crecimiento de estrella en las escamas,
ópalo seminal diseminado
en la sábana oscura del océano.

Vió arder las piedras de plata que mordían,
estandartes de trémulo tesoro,
y sometió su sangre descendiendo
a la profundidad devoradora,
suspendido por bocas que recorren
su torso con sortijas sanguinarias
hasta que desgreñado y dividido
como espiga sangrienta, es un escudo

Die Fische und der Ertrunkene

Auf einmal sah ich die Meerregionen belebt
von Intensität, von stahlharten Formen;
Mäuler, einer zerschneidenden Linie gleich,
Blitze versunkenen Silbers,
Trauerfische, spitzbogige Fische,
Fische wie ein mit Goldnägeln verziertes Firmament,
Fische, deren mondhafte Tupfen glänzen,
Fische, die hinhuschen wie Fieberschauer,
weiße Geschwindigkeit, schlankes Wissen
des Durcheinander, der Blutgier
ovale Mäuler und Vermehrung.
Schön war die Hand und die Hüfte,
die, umgeben von flüchtigem Mond,
die Menge der Fische erbeben sah,
den feuchten elastischen Strom Leben,
in den Schuppen Wachstum von Sternen,
samentragenden Opal, gestreut
auf des Ozeans düsteres Linnen.

Er sah Steine von Silber erglühen, die bissen,
Standarten vibrierender Kostbarkeit,
und hielt sein Blut ein, niedersinkend
zur klaffenden Tiefe,
aufgehalten von Mäulern, die seinen Torso
durchdrangen mit scharfen blutgierigen Ringen,
bis er, aufgelöst und zerteilt, wie
eine blutige Ähre, ein Wappen

de la marea, un traje que trituran
las amatistas, una herencia herida
bajo el mar, en el árbol numeroso.

der Meerflut ist, ein Gewand, das die Amethysten
zerreiben, ein wundes Vermächtnis
unten im Meer, in seinem unendlichen Laub.

La lluvia

No, que la Reina no reconozca
tu rostro, es más dulce
así, amor mío, lejos de las efigies, el peso
de tu cabellera en mis manos, recuerdas
el árbol de Mangareva cuyas flores caían
sobre tu pelo? Estos dedos no se parecen
a los pétalos blancos: míralos, son como raíces,
son como tallos de piedra sobre los que resbala
el lagarto. No temas, esperemos que caiga la lluvia, desnudos,
la lluvia, la misma que cae sobre Manu Tara.

Pero así como el agua endurece sus rasgos en la piedra,
sobre nosotros cae llevándonos suavemente
hacia la oscuridad, más abajo del agujero
de Ranu Raraku. Por eso
que no te divise el pescador ni el cántaro. Sepulta
tus pechos de quemadura gemela en mi boca,
y que tu cabellera sea una pequeña noche mía,
una oscuridad cuyo perfume mojado me cubre.

De noche sueño que tú y yo somos dos plantas
que se elevaron juntas, con raíces enredadas,
y que tú conoces la tierra y la lluvia como mi boca,
porque de tierra y de lluvia estamos hechos. A veces
pienso que con la muerte dormiremos abajo,

Der Regen

Nein, es soll die Königin nicht dein Antlitz erkennen,
    es ist süßer
so, Liebste, den Bildnissen fern, die Schwere
deiner Haarflut in meinen Händen; entsinnst du
des Baums dich von Mangareva, dessen Blüten
    niederschwebten
auf dein Haar? Diese Finger gleichen nicht
den weißen Blumenblättern: schau sie an, wie Wurzeln
sind sie, wie steinerne Pflanzenstiele, über die die Eidechse
huscht. Fürchte nicht, warten wir nackt, daß der Regen fällt,
der Regen, derselbe, der niedergeht über Manu Tara.

Indes, da das Wasser seine Spuren härtet im Stein,
strömt es auf uns und entführt uns sanft
in die Dunkelheit, tiefer hinab in die Krateröffnung
des Ranu Raraku. Darum
erspäht dich der Fischer nicht noch der Krug. Begrabe
deiner Brüste Zwillingsglühen in meinem Munde,
und laß dein Haupthaar sein eine kurze Nacht,
ein Dunkel mir, dessen feuchter Duft mich bedeckt.

Nachts träume ich, du und ich wären zwei Pflanzen,
die zusammen aufwüchsen mit ineinander verflochtenen
    Wurzeln
und du kennst die Erde und den Regen so wie meinen Mund,
denn aus Erde und Regen sind wir. Zuweilen
denke ich, wir werden unten schlafen im Tode,

en la profundidad de los pies de la efigie, mirando
el Océano que nos trajo a construir y a amar.

Mis manos no eran férreas cuando te conocieron, las aguas
de otro mar las pasaban como a una red; ahora
agua y piedras sostienen semillas y secretos.

Ámame dormida y desnuda, que en la orilla
eres como la isla: tu amor confuso, tu amor
asombrado, escondido en la cavidad de los sueños,
es como el movimiento del mar que nos rodea.

Y cuando yo también vaya durmiéndome
en tu amor, desnudo,
deja mi mano entre tus pechos para que palpite
al mismo tiempo que tus pezones mojados en la lluvia.

in der Tiefe, zu der Bildsäule Füßen, und auf den Ozean
schauen, der uns hergeführt, zu erbauen und zu lieben.

Meine Hände waren nicht eisenhart, da sie dich
        kennenlernten, anderer
Meere Wasser gingen wie durch ein Netz durch sie, nun aber
schützen Wasser und Stein Samen und Geheimnisse.

Liebe mich, Schlummernde, Nackte, die am Gestade du
dieser Insel gleichst: deine bestürzte Liebe, deine staunende
Liebe, in der Träume Höhlung verborgen,
ist wie des Meeres Bewegung, das uns umgibt.

Und wenn auch ich einst entschlafe
in deiner Liebe, nackt,
laß meine Hand zwischen deinen Brüsten ruhen, daß sie
im gleichen Takt wie deine Brustspitzen bebe, die vom
        Regen feucht.

Los hijos de la costa

Parias del mar, antárticos
perros azotados,
yaganes muertos sobre cuyos huesos
bailan los propietarios que pagaron
por tarifa los cuellos altaneros
cercenados a golpe de navaja.

Changos de Antofagasta y de la costa seca,
parias, piojos helados del océano,
nietos de Rapa, pobres de Anga-Roa,
lémures rotos, leprosos de Hotu-Iti,
siervos de las Galápagos, codiciados
haraposos de los archipiélagos,
ropas deshilachadas que a través
del parche sucio muestran
la contextura del combate,
la piel salada por el aire, el valiente
trozo de ser humano y ambarino:
a la patria del mar vino el embarque,
vino la cuerda, el sello, el fundamento,
el billete con un perfil borroso,
detritus de botellas en la playa,
vino el Gobernador, el diputado,
y el corazón del mar se hizo costura,
se hizo bolsillo, yodo y agonía.

Die Söhne der Küste

Parias des Meeres, gepeitschte
antarktische Hunde,
tote Yaganen, auf deren Gebein
die Herren tanzen, die nach Tarif
die mit Messerhieb
abgeschlagenen stolzen Hälse bezahlten.

Changos von Antofagasta und der dürren Küste,
Parias, vor Kälte erstarrte Läuse des Ozeans,
Enkel aus Rapa, Bettelvolk aus Anga-Roa,
gebrochne Lemuren, Aussätzige von Hotu-Iti,
Sklaven von den Galápagos, emsige
Lumpenträger der Archipele,
fadenscheinige Kleider, durch deren
schmutzige Flicken
der Körper des Kampfes blickt,
die vom Winde salzige Haut, das mutige
Stück amberfarbenen Menschenwesens:
in die Heimat des Meeres gelangte die Ladung der Schiffe,
der Strang kam, das Siegel, die Niederlassung,
die Banknote mit dem verschwommenen Profil,
Flaschenreste am Strande,
kam der Gouverneur, der Deputierte,
und das Herz des Meeres ward festgeheftet,
wurde Geldbörse, Jod und Agonie.

Cuando llegaron a vender fué dulce
el amanecer, las camisas
eran como la nieve en el navío,
y los hijos celestes se encendieron,
flor y fogata, luna y movimiento.

Piojos del mar, comed ahora estiércol,
acechad los despojos, los zapatos
rotos del navegante, del gerente,
oled a deyecciones y a pescado.
Ya entrasteis en el círculo
de donde no saldréis sino a morir.

No a la muerte del mar, con agua y luna,
sino a los desquiciados agujeros
de la necrología, porque ahora
si queréis olvidar, estáis perdidos.
Antes la muerte tuvo territorios,
trasmigración, etapas, estaciones,
y pudisteis subir bailando envueltos
en el rocío diurno de la rosa
o en la navegación del pez de plata:
hoy estáis muertos para siempre: hundidos
en el decreto tétrico del fraile
y sólo sois gusanos de la tierra
que cuando más revolverán la cola
bajo las notarías del infierno.

Und als sie zu verkaufen begannen, süß war
der Tagesanbruch, die Hemden
waren auf den Seglern wie Schnee,
und des Himmels Söhne waren entzückt:
Blüte und Freudenfeuer, Mond und Bewegung.

Läuse der See, nun nährt euch von Tierkot,
späht aus nach Resten, nach den zerfetzten
Schuhen des Seefahrers, des Bevollmächtigten,
ihr riecht nach Abwässern nun und Fisch.
Schon tratet ihr ein in den Kreislauf,
aus dem ihr nur hinausgelangt, um zu sterben.

Keinen Tod im Meer mit Wasser und Mond,
sondern den der verkommenen Grablöcher
des Nekrologs, denn, wenn ihr es auch
übersehen wolltet, jetzt seid ihr verloren.
Vor dem Tode gab es Erdstriche,
Auswanderung, Rastorte, Jahreszeiten,
und ihr konntet tanzend aufsteigen,
vom Tagestau der Rose umhüllt
und von der Meerfahrt des Silberfischs:
jetzt seid ihr tot für immer: versunken
in das finstere Dekret des Mönchs,
einzig noch seid ihr Würmer der Erde,
die höchstens sich krümmen dürfen
unter den Notariaten der Hölle.

Venid y pululad por las orillas
del mar: os aceptamos
aún, podéis salir a pescar siempre
que nuestra Sociedad Pesquera Inc.
sea garantizada: podéis iros
rascando las costillas en los muelles,
cargando sacos de garbanzos,
durmiendo en las escorias litorales.
Sois en verdad una amenaza, roñosos
desheredados de la espuma; es mucho
mejor que, si el sacerdote os da permiso,
entréis en el navío que os espera,
y que, con todo y piojos, a la nada
os llevará, sin ataúd, mordidos
por las últimas olas y desdichas,
siempre que no se paguen, a la muerte.

Kommt, wimmelt über die Ufer
des Meeres: euch lassen wir
noch zu, ihr könnt zum Fischfang ausfahren, sofern
unsere Fischerei-Gesellschaft
dabei sichergestellt wird: ihr könnt hingehn,
die Rippen euch an den Molen scheuern,
Säcke mit Garbanzos schleppen
und schlafen auf den Schlackenhaufen der Küste.
In Wahrheit seid ihr eine Bedrohung, räudige
Enterbte des Meerschaums, es wäre
weit besser, der Priester gäbe euch die Erlaubnis,
das Schiff zu besteigen, das eurer harrt
und das mit Läusen und allem ins Nichts
euch führe, ohne Sarg, gefressen
von den letzten Wogen und Mißgeschicken,
wofern man das Begräbnis nicht bezahlen müßte.

Leviathan

Arca, paz iracunda, resbalada
noche bestial, antártica extranjera,
no pasarás junto a mí desplazando
tu témpano de sombra sin que un día
entre por tus paredes y levante
tu armadura de invierno submarino.

Hacia el Sur crepitó tu fuego negro
de expulsado planeta, el territorio
de tu silencio que movió las algas
sacudiendo la edad de la espesura.

Fué sólo forma, magnitud cerrada
por un temblor del mundo en que desliza
su majestad de cuero amedrentado
por su propia potencia y su ternura.

Arca de cólera encendida
con las antorchas de la nieve negra,
cuando tu sangre ciega fué fundada
la edad del mar dormía en los jardines,
y en su extensión la luna deshacía
la cola de su imán fosforescente.
La vida crepitaba
como una hoguera azul, madre medusa,
multiplicada tempestad de ovarios,

Leviathan

Arche, grimmer Friede, hingleitend
tierhafte Nacht, antarktische Fremde, du
wirst an mir nicht vorüberziehen, dein
Schattengewölb fortwälzen, ohne daß ein Tag
durch deine Wände dränge und emporhöbe
deine Struktur submarinen Winters.

Dem australen Süden zu prasselte dein schwarzes Feuer
eines verstoßenen Planeten, deines Schweigens
Zone, die, Algen fortbewegend,
das Alter erschütterte der Undurchdringlichkeit.

Gestalt nur war er, Größe, von einem
Beben der Welt umschlossen, in der die Herrlichkeit
seiner Haut hingleitet, in Furcht versetzt
durch die eigene Kraft und Zartheit.

Arche des Zorns, von Fackeln
entflammt des schwarzen Schnees,
als dein blindes Geschlecht sich gründete,
schlummerte in den Gärten die Jugend des Meeres,
und in seiner Ausgedehntheit der Mond zerstörte
den Schweif seines phosphorglühenden Magneten.
Das Leben knisterte
wie eine blaue Flamme, Mutter-Meduse,
von Fruchtstöcken ein tausendfältiger Sturm,

y todo el crecimiento era pureza,
palpitación de pámpano marino.

Así fué tu gigante arboladura
dispuesta entre las aguas como el paso
de la maternidad sobre la sangre,
y tu poder fué noche inmaculada
que resbaló inundando las raíces.
Extravío y terror estremecieron
la soledad, y huyó tu continente
más allá de las islas esperadas:
pero el terror pasó sobre los globos
de la luna glacial, y entró en tu carne,
agredió soledades que ampararon
tu aterradora lámpara apagada.
La noche fué contigo: te envolvía
adhiriéndote un limo tempestuoso
y revolvió tu cola huracanada
el hielo en que dormían las estrellas.

Oh gran herida, manantial caliente
revolviendo sus truenos derrotados
en la comarca del arpón, teñido
por el mar de la sangre, desangrada,
dulce y dormida bestia conducida
como un ciclón de rotos hemisferios

und alles Wachstum war Reinheit,
zuckendes Leben meerischer Rebe.

So ward dein gigantisches Mastenwerk
in die Fluten gesetzt als Weg
der Mütterlichkeit über das Blut,
und deine Macht war unberührte Nacht,
die hinglitt, die Wurzeln überflutend.
Verirrung und Schauder erschütterten
die Einsamkeit, und es floh dein Kontinent
fern hinter die ersehnten Inseln:
der Schrecken aber ging über die Globen
des Eismonds und drang in dein Fleisch,
fiel Einsamkeiten an, die deine
Entsetzen verbreitende, erloschene Lampe schützten.
Die Nacht war mit dir: sie hüllte dich ein,
stürmischen Schlamm an dich hängend,
und dein orkanischer Schwanz
wühlte das Eis auf, in dem die Sterne schliefen.

O große Wunde, heißer Quell,
noch gebrochene Donnerschläge schleudernd
in der Harpune Bereich, den
das Meer des verströmenden Blutes färbt,
sanftes verendetes Tier, wie ein Zyklon
zerspellter Sphären getrieben

hasta las barcas negras de la grasa
pobladas por rencor y pestilencia.

Oh gran estatua muerta en los cristales
de la luna polar, llenando el cielo
como una nube de terror que llora
y cubre los océanos de sangre.

zu den schwarzen Barkschiffen des Trans,
die voller Heimtücke sind und Pestilenz.

O Statue, tot und mächtig zwischen
des Polarmonds Kristallen, den Himmel wie eine Wolke
mit Grauen füllend, die niederweint
und die Weltmeere bedeckt mit Blut.

Las ruinas en el Báltico

Gdansk, acribillado por la guerra,
rosa despedazada,
como espectro entre espectros,
entre el olor marino,
y el alto cielo blanco,
anduve entre tus ruinas,
entre trozos de plata anaranjada.
La niebla entró conmigo,
los vapores glaciales,
y errante
desenredé las calles
sin casa y sin hombres.

Yo conozco la guerra
y ese rostro sin ojos y sin labios,
esas ventanas muertas
las conozco,
las vi en Madrid, en Berlin, en Varsovia,
pero esta gótica nave
con su ceniza de ladrillos rojos
junto al mar, en la puerta
de los antiguos viajes,
esta figura mercantil de proa,
balandra verde de los mares fríos,
con sus desgarradoras aberturas,
sus muros en muñones,
su orgullo demolido,

Die Ruinen am Baltischen Meer

Gdansk, kugeldurchbohrt vom Krieg,
irrzerfetzte Rose,
zwischen deinem Meeresruch
und dem hohen fahlen Himmel
ging ich inmitten deiner Ruinen einher,
ein Gespenst unter Gespenstern,
zwischen Trümmern von orangenem Silber.
Eindrangen die Nebel mit mir,
die eisigen Schwaden,
und umherschweifend
entwirrte die Straßen ich,
die häuserlosen, menschenlosen.

Ich kenne den Krieg
und dieses Antlitz augen- und lippenleer,
diese gestorbenen Fenster,
ich kenne sie,
sah sie in Madrid, in Berlin, in Warschau,
doch dieses gotische Schiff
mit seiner roten Ziegelasche
am Meer, an der Pforte
der alten Fahrten —
merkantiles Antlitz am Bug,
grüner Kutter der eisigen Meere —,
mit seinen herzzerreißenden Wunden,
seinen Mauerstümpfen,
seinem vernichteten Stolz,

me entraron en el alma
como rachas de nieve, polvo y humo,
algo enceguecedor, desesperado.
La casa de los gremios
con sus signos caídos,
los bancos en que el oro tintineaba
cayendo en la garganta de Europa,
los malecones rojos
en donde un río
de cereales trajo
como una ola terrestre
el olor del verano,
todo era polvo, montes
de materia deshecha,
y el viento del Báltico férreo
volando en el vacío.

sie drangen in meine Seele
wie Schneeböen, Staub und Rauch,
wie etwas, das erblinden macht und verzweifeln.
Das Haus der Gilden
mit seinen gestürzten Emblemen,
die Banken, in denen das Gold
in Europas Kehle fiel, klirrend,
die roten steinernen Uferdämme,
wo ein Strom
von Getreiden
gleich einer Erdenwoge
des Sommers Duft herübertrug,
alles war Staub, Berge
zerstörter Materie,
und der Wind des eisernen Baltischen Meeres
wehte in die Leere.

Si yo te recordara

España, no hay recuerdos
tuyos, no eres memoria.
Si quiero recordar
los azahares,
o el mercado amarillo
o las ácidas sombras de Valencia,
cierro la frente,
abro los ojos,
y me muerdo la boca.
No, no tengo recuerdos.
No quiero nada con tu forma seca
ni con tu generosa cabellera,
no quiero tus espigas,
no quiero ir recogiéndolas
en la melancolía de un camino.
Te quiero intacta entera
a mí restituída
con hechos y palabras,
con todos tus sentidos,
desenlazada y libre,
metálica y abierta!
Granada roja y dura,
topacio negro, España,
amor mío, cadera
y esqueleto del mundo,
guitarra incandescente,
fuego sin mutilar, oh dolorosa

Wenn ich dein gedenke

Spanien, von dir ist
kein Erinnerungszeichen, du bist kein Gedächtnismal.
Wenn ich der Orangenblüten
gedenken möchte,
des gelben Marktes
oder der herben Schatten Valencias,
verberg ich die Stirn,
öffne die Augen
und beiß auf meine Lippen.
Nein, ich habe keine Erinnerungen.
Nichts von deiner dürren Gestalt mag ich,
nichts von deinem üppigen Haar,
ich will deine Ähren nicht,
ich mag nicht durch die Schwermut
eines Weges gehn, sie einzusammeln.
Dich will ich unversehrt, ganz
mir zurückgegeben
mit Taten und Worten,
mit allen deinen Gefühlen,
entbunden und frei,
erzen und offen!
Rotes hartes Granada,
Spanien, schwarzer Topas,
du meine Liebe, Hüfte
und Knochenbau der Welt,
weißglühende Gitarre,
unversehrendes Feuer, o schmerzensreicher

piedra amada
si yo te recordara
el corazón se me desangraría
y necesito sangre
para reconquistar tus hermosuras,
para que tu silencio
de golpe se arrodille
vencido, terminado,
y se oiga la voz de tus pueblos
en el nuevo coro del mundo.

geliebter Fels,
wenn ich dein gedenke,
verblutet mein Herz,
und ich brauche das Blut,
um all deine Schönheit wiederzuerobern,
auf daß dein Schweigen
jählings in die Knie breche,
bezwungen, beendet,
und man die Stimme vernehme deiner Dörfer
in dem neuen Chor der Welt.

Los presidios

Pero,
portugués de la calle,
entre nosotros,
nadie nos escucha,
sabes
dónde
está Alvaro Cunha?
Reconoces la ausencia
del valiente
Militão?
Muchacha portuguesa
pasas como bailando
por las calles
rosadas de Lisboa,
pero,
sabes dónde cayó Bento Gonçalves
el portugués más puro,
el honor de tu mar y tu arena?
Sabes
que existe
una isla,
la Isla de la Sal,
y Tarrafal en ella
vierte sombra?
Sí, lo sabes, muchacha,
muchacha, sí, lo sabes.
En silencio

Die Zuchthäuser

Aber,
ganz unter uns,
niemand hört uns zu,
Portugiese der Straße,
weißt du,
wo
Alvaro Cunha ist?
Spürst du die Abwesenheit
des tapferen
Militão?
Portugiesisches Mädchen,
wie tanzend durchschreitest du
die rosenroten
Straßen von Lissabon,
aber
weißt du, wo Bento Gonçalves fiel,
der lauterste der Portugiesen,
Ruhm deines Meeres, deines Gestades?
Weißt du,
daß es eine Insel
gibt,
die *Insel des Salzes*,
und auf ihr Tarrafal
Todesschatten wirft?
Ja, du weißt es, Mädchen,
Knabe, ja, du weißt es.
In Schweigen gehüllt,

la palabra
anda con lentitud pero recorre
no sólo el Portugal, sino la tierra.
Sí, sabemos,
en remotos paises,
que hace treinta años
una lápida
espesa como tumba o como túnica
de clerical murciélago,
ahoga, Portugal, tu triste trino,
salpica tu dulzura
con gotas de martirio
y mantiene sus cúpulas de sombra.

langsam zieht
das Wort umher, aber es durchläuft
nicht Portugal nur, es durchläuft die Welt.
Ja, wir
in fernen Ländern wissen,
daß seit dreißig Jahren
ein Grabstein,
schwer wie ein Grabgewölb, oder der Tunika gleich
einer klerikalen Fledermaus,
Portugal, deinen wehmütigen Vogeltriller erstickt,
deine Süße bespritzt
mit den Blutstropfen des Martyriums
und sein Schattengewölbe aufrechterhält.

Oda a la cebolla

Cebolla,
luminosa redoma,
pétalo a pétalo
se formó tu hermosura,
escamas de cristal te acrecentaron
y en el secreto de la tierra oscura
se redondeó tu vientre de rocío.
Bajo la tierra
fué el milagro
y cuando apareció
tu torpe tallo verde,
y nacieron
tus hojas como espadas en el huerto,
la tierra acumuló su poderío
mostrando tu desnuda transparencia,
y como en Afrodita el mar remoto
duplicó la magnolia
levantando sus senos,
la tierra
así te hizo,
cebolla,
clara como un planeta,
y destinada
a relucir,
constelación constante,
redonda rosa de agua,

Ode an die Zwiebel

Zwiebel,
leuchtende Phiole,
Blütenblatt um Blütenblatt
formte deine Schönheit sich,
kristallene Schuppen
ließen dich schwellen,
und im Verborgenen der dunklen Erde
füllte dein Leib sich an mit Tau.
Unter der Erde
ward dieses Wunderwerk,
und als dein unbeholfener
grüner Trieb erschien
und deine Blätter degengleich
im Garten sprossen,
drängte die Erde
ihren ganzen Reichtum zusammen
und wies deine nackte Transparenz,
wie in Aphrodite das ferne Meer
die Magnolie nachschuf,
da es ihre Brüste formte,
also bildete
dich die Erde,
Zwiebel, hell wie ein Planet
und zu leuchten
bestimmt,
unvergängliches Himmelszeichen,
rundliche Rose von Wasser

sobre
la mesa
de las pobres gentes.

Generosa
deshaces
tu globo de frescura
en la consumación
ferviente de la olla,
y el jirón de cristal
al calor encendido del aceite
se transforma en rizada pluma de oro.

También recordaré como fecunda
tu influencia el amor de la ensalada,
y parece que el cielo contribuye
dándote fina forma de granizo
a celebrar tu claridad picada
sobre los hemisferios de un tomate.
Pero al alcance
de las manos del pueblo,
regada con aceite,
espolvoreada
con un poco de sal,
matas el hambre
del jornalero en el duro camino.

auf
dem Tisch
der armen Leute.

Verschwenderisch
läßt du
deinen Globus der Frische zergehn
im verzehrenden Sud
des Topfes
und der kristallene Saum
in des Öls entfachter Hitze
verwandelt sich in eine gekräuselte Feder von Gold.

Auch gedenke ich, wie dein Zutun
die Freundschaft des Salates fruchtbar macht,
und es will scheinen, der Himmel hilft mit,
da er dir des Hagelkorns zierliche Gestalt verlieh,
deine feingehackte Helle zu rühmen
auf den Hemisphären einer Tomate.
Aber erreichbar
den Händen des Volkes
und beträufelt mit Öl,
bestreut
mit ein wenig Salz,
tötest du den Hunger
des Tagelöhners auf mühsamem Wege.

Estrella de los pobres,
hada madrina
envuelta
en delicado
papel, sales del suelo,
eterna, intacta, pura
como semilla de astro,
y al cortarte
el cuchillo en la cocina
sube la única lágrima
sin pena.
Nos hiciste llorar sin afligirnos.
Yo cuanto existe celebré, cebolla,
pero para mí eres
más hermosa que un ave
de plumas cegadoras,
eres para mis ojos
globo celeste, copa de platino,
baile inmóvil
de anémona nevada

y vive la fragancia de la tierra
en tu naturaleza cristalina.

Stern der Armen,
gütige Fee,
eingehüllt
in zartes
Papier, kommst du aus der Erde,
ewig, vollkommen, rein
wie der Gestirne Samenkorn,
und wenn in der Küche
das Messer dich zerschneidet,
quillt die einzige
leidlose Träne.
Du machst uns weinen, ohne uns zu betrüben.
Solange ich lebe,
lobsingen will ich,
Zwiebel,
für mich bist du schöner doch
als mit blendenden Schwingen
ein Vogel,
für meine Augen bist du
Himmelskugel, Platinkelch,
beschneiter Anemone
unbeweglicher Tanz,

und der Erde ganzer Duft, er lebt
in deiner kristallinischen Natur.

Oda a la malvenida

Planta de mi país, rosa de tierra,
estrella trepadora,
zarza negra,
pétalo de la luna en el océano
que amé con sus desgracias y sus olas,
con sus puñales y sus callejones,
amapola
erizada,
clavel de nácar negro,
por qué
cuando mi copa
desbordó y cuando
mi corazón cambió de luto a fuego,
cuando no tuve para ti, para ofrecerte,
lo que toda la vida te esperaba,
entonces
tú llegaste,
cuando letras quemantes
van ardiendo en mi frente,
¿por qué la línea pura
de tu nupcial contorno
llegó como un anillo
rodando por la tierra?
No debías
de todas y de todas

Ode an die zur Unzeit Erschienene

Gewächs meiner Heimat, Erdenrose,
aufklimmender Stern,
nachtschwarzer Dornbusch,
Mondes Blüte im Weltmeer,
das ich liebte mit seinen Fährnissen,
seinen Wogen,
mit seinen Sackgassen und Dolchen,
Mohnblüte,
rauhe,
Nelke aus schwarzem Perlmutt,
warum,
da mein Glas
überschäumte, da mein Herz von der Trauer
wechselte zum Feuer,
da ich dir nichts bieten konnte von all dem,
was auf dich das ganze Leben
lang gewartet,
kamst du
da,
als glühende Lettern
brannten auf meiner Stirn,
warum nahte die makellose Linie
deiner bräutlichen Kontur
wie ein Reif,
der über die Erde rollt?
Unter allen und allen
du durftest nicht

llegar a mi ventana
como un jazmín tardío.
No eras, oh llama oscura,
la que debió tocarme
y subir con mi sangre
hasta mi boca.
Ahora
¿qué puedo contestarte?
Consúmete,
no esperes,
no hay espera
para tus labios de piedra nocturna.
Consúmete,
tú en tu llama,
yo en mi fuego,
y ámame
por el amor que no pudo esperarte,
ámame en lo que tú y yo
tenemos de piedra o de planta:
seguiremos viviendo
de lo que no nos dimos:
del hombro en que no pudo reclinarse una rosa,
de una flor que su propia quemadura ilumina.

meinem Fenster nahen
wie ein später Jasmin.
O dunkle Flamme, du warst es nicht,
die mich berühren durfte
und aufsteigen mit meinem Blut
zu meinem Munde.
Und nun,
was soll ich dir als Antwort sagen?
Verzehre dich, warte nicht,
für deine Lippen aus nächtlichem Stein
ist keine Hoffnung.
Verzehre dich,
du in deiner Flamme,
ich in meiner Glut,
und liebe mich
um der Liebe willen, die auf dich nicht warten konnte;
lieb mich in dem,
wo du und ich Stein und Pflanze sind:
Laß uns weiterleben, was wir
uns nicht gewährten:
die Schulter, an die sich die Rose nicht
lehnen konnte,
eine Blume, die ihr eignes Brandmal mit Licht erfüllt.

Oda a un reloj en la noche

En la noche, en tu mano
brilló como luciérnaga
mi reloj.
Oí
su cuerda:
como un susurro seco
salía
de tu mano invisible.
Tu mano entonces
volvió a mi pecho oscuro
a recoger mi sueño y su latido.

El reloj
siguió cortando el tiempo
con su pequeña sierra.
Como en un bosque
caen
fragmentos de madera,
mínimas gotas, trozos
de ramajes o nidos,
sin que cambie el silencio,
sin que la fresca oscuridad termine,
así
siguió el reloj cortando
desde tu mano invisible,
tiempo, tiempo,
y cayeron

Ode an eine Uhr in der Nacht

An deiner Hand in der Nacht
wie ein Glühwurm schimmerte
meine Uhr.
Ich hörte
ihr Werk:
Wie ein sprödes Geraun
von deiner unsichtbaren Hand
kam es her.
Da wandte sich deine Hand,
meinen Schlaf und seinen Herzschlag aufzufangen,
zu meiner dunklen Brust.

Die Uhr
mit ihrer kleinen Säge
zerschnitt ohne Unterlaß die Zeit.
Wie in einem Wald
fielen
Holzspäne nieder,
winzige Tropfen, Stückchen
Gezweig oder Nester,
ohne daß die Stille sich wandelte,
ohne daß die kühle Dunkelheit ein Ende fand,
also,
von deiner unsichtbaren Hand her, schnitt
die Uhr unaufhörlich
Zeit und Zeit und Zeit,
und wie Blätter fielen

minutos como hojas,
fibras de tiempo roto,
pequeñas plumas negras.

Como en el bosque
olíamos raíces,
el agua en algún sitio desprendía
una gotera gruesa
como uva mojada.
Un pequeño molino
molía noche,
la sombra susurraba
cayendo de tu mano
y llenaba la tierra.
Polvo,
tierra, distancia
molía y molía
mi reloj en la noche,
desde tu mano.

Yo puse
mi brazo
bajo tu cuello invisible,
bajo su peso tibio,
y en mi mano
cayó el tiempo,

Minuten herab,
Fasern zerspellter Zeit,
winzige schwarze Federn.

Wie im Walde
roch es nach Wurzeln,
irgendwo ließ das Wasser
einen schweren Tropfen fallen
wie eine feuchte Traubenkugel.
Eine kleine Mühle
zermahlte Nacht,
summendes Dunkel
fiel nieder von deiner Hand
und erfüllte die Erde.
Staub,
Erde und Ferne
mahlte, mahlte
von deiner Hand her
meine Uhr in der Nacht.

Ich legte
meinen Arm
um deinen unsichtbaren Hals,
unter sein warmes Gewicht,
und in meine Hand
niederrieselte
die Zeit,

la noche,
pequeños ruidos
de madera y de bosque,
de noche dividida,
de fragmentos de sombra,
de agua que cae y cae:
entonces
cayó el sueño
desde el reloj y desde
tus dos manos dormidas,
cayó como agua oscura
de les bosques,
del reloj
a tu cuerpo,
de ti hacia los países,
agua oscura,
tiempo que cae
y corre
adentro de nosotros.

Y así fué aquella noche,
sombra y espacio, tierra
y tiempo,
algo que corre y cae
y pasa.
Y así todas las noches
van por la tierra,

Nacht,
winzig kleine Geräusche
von Holz und Wald,
von zerkleinerter Nacht,
von Schattensplittern,
von Wasser, das fällt und fällt:
Da
fiel der Schlaf
aus der Uhr und von
deinen schlummernden Händen,
fiel wie dunkles Gewässer
der Wälder,
von der Uhr
auf deinen Leib herab,
und von dir in die Lande,
dunkles Wasser,
Zeit, die fällt
und hinfließt
in unserm Innern.

Und so war jene Nacht,
Dunkel und Raum, Erde
und Zeit,
etwas, das fließt und fällt
und vorübereilt.
Also ziehen über die Erde
alle Nächte hin

no dejan sino un vago
aroma negro,
cae una hoja,
una gota
en la tierra
apaga su sonido,
duerme el bosque, las aguas,
las praderas,
las campanas,
los ojos.

Te oigo y respiras,
amor mío,
dormimos.

und hinterlassen nur ein flüchtiges
schwarzes Arom,
es fällt ein Blatt,
ein Tropfen
auf der Erde,
es schlummern Wald und Wasser,
die Wiesen,
die Glocken,
die Augen.

Ich höre dich, ja, du atmest,
meine Liebe,
Schlaf hüllt uns ein.

Oda al olor de la leña

Tarde, con las estrellas
abiertas en el frío
abrí la puerta.
                    El mar
galopaba
en la noche.

Como una mano
de la casa oscura
salió el aroma
intenso
de la leña guardada.

Visible era el aroma
como
si el árbol
estuviera vivo.
Como si todavía palpitara.

Visible
como una vestidura.

Visible
como una rama rota.

Anduve
adentro

Ode an den Duft des Holzes

Spät, mit den in der Kühle
aufgegangenen Sternen
öffnete ich die Tür.
           Das Meer
sprengte im Galopp
durch die Nacht.

Aus dem dunklen Hause kam
wie eine Hand
der starke
Duft
des wohlverwahrten Holzes.

Sichtbar war der Duft,
als
lebte noch
der Baum.
Als zuckte da sein Herz.

Sichtbar
wie ein Gewand.

Sichtbar
wie ein abgebrochener Zweig.

Ich ging
im Innern

de la casa
rodeado
por aquella balsámica
oscuridad.
Afuera
las puntas
del cielo cintilaban
como piedras magnéticas,
y el olor de la leña
me tocaba
el corazón
como unos dedos,
como un jazmín,
como algunos recuerdos.

No era el olor agudo
de los pinos,
no,
no era
la ruptura en la piel
del eucaliptus,
no eran
tampoco
los perfumes verdes
de la viña,
sino
algo más secreto,

meines Hauses umher
umwoben
von jener balsamischen
Dunkelheit.
Draußen
magnetischen Steinen gleich
funkelten
die Himmelspunkte,
und der Duft des Holzes
rührte an
mein Herz
wie Finger,
wie Jasmingesträuch,
wie manche Erinnerung.

Das war nicht der Pinien
scharfer Duft,
nein,
das war nicht
der Riß in
des Eukalyptus Haut,
es waren
auch
die grünen Wohlgerüche nicht
der Rebe,
sondern
etwas Geheimnisvolleres,

porque aquella fragancia
una sola,
una sola
vez existía,
y allí, de todo lo que vi en el mundo,
en mi propia
casa, de noche, junto al mar de invierno,
allí estaba esperándome
el olor
de la rosa más profunda,
el corazón cortado de la tierra,
algo
que me invadió como una ola
desprendida
del tiempo
y se perdió en mí mismo
cuando yo abrí la puerta
de la noche.

denn diesen lieblichen Duft
gab es nur
ein einzig
einziges Mal,
und dort, nach allem, was ich in der Welt gesehen,
in meinem eigenen
Haus in der Nacht, dicht am winterlichen Meer,
hier erwartete mich
der Duft
der mächtigsten Rose,
der Erde aufgeschnittenes Herz,
etwas,
das,
von der Zeit gelöst,
wogenhaft mich überflutete
und in meinem Innern sich verlor,
da ich die Tür auftat
der Nacht.

Casi pensé durmiendo

Casi pensé durmiendo,
casi soñé en el polvo,
en la lluvia del sueño.
Sentí los dientes viejos
al dormirme, tal vez
poco a poco me voy
transformando en caballo.

Sentí el olor del pasto
duro, de cordilleras,
y galopé hacia el agua,
hacia las cuatro puntas
tempestuosas del viento.

Es bueno ser caballo
suelto en la luz de Junio
cerca de Selva Negra
donde corren los ríos
socavando espesura:
el aire peina allí
las alas del caballo
y circula en la sangre
la lengua del follaje.

Galopé aquella noche
sin fin, sin patria, solo,
pisando barro y trigo,

Flucht

Beinahe dachte ich im Schlaf,
beinahe träumte ich im Staub,
in des Schlummers Regen.
Beim Einschlafen spürte ich
die alten Zähne, vielleicht
würde ich allmählich mich
in ein Pferd verwandeln.

Ich roch den herben Duft
des Grases, der Kordilleren,
hinsprengte ich zu den Wassern,
hin zu des Windes vier
sturmerregenden Punkten.

Gut ist es, Pferd zu sein,
ungebunden im Junilicht,
in der Nähe von Selva Negra,
wo die Flüsse fließen
und das Dickicht untergraben:
Dort kämmt die Luft
des Pferdes Schwingen,
und im Blut kreist
die Sprache der Blätter.

Ich sprengte durch jene Nacht
ohne Ende, ohne Vaterland, allein,
Lehmgrund streifend und Korn und

sueños y manantiales.
Dejé atrás como siglos
los bosques arrugados,
los árboles que hablaban,
las capitales verdes,
las familias del suelo.

Volví de mis regiones,
regresé a no soñar
por las calles, a ser
este viajero gris
de las peluquerías,
este yo con zapatos,
con hambre, con anteojos,
que no sabe de dónde
volvió, que se ha perdido,
que se levanta sin
pradera en la mañana,
que se acuesta sin ojos
para soñar sin lluvia.

Apenas se descuiden
me voy para Renaico.

Träume und Quellen.
Hinter mir ließ ich die Wälder
zusammengeschrumpft wie Jahrhunderte,
die Bäume, die sprachen,
Metropolen, grüne,
des Bodens Geschlechter.

Ich kam aus meiner Landschaft zurück,
kehrte zurück, nicht
um in den Straßen zu träumen, um jener
graue Passant
der Frisiersalons zu sein,
dieses Ich da in Schuhen,
mit Hunger, mit Brille,
das nicht weiß, woher
es wiederkehrte, das sich verloren hatte,
am Morgen sich ohne Wiesen erhebt,
das sich niederlegt augenlos,
ohne Regen zu träumen.

Sobald sie nicht achtgeben,
mache ich mich auf nach Renaico.

De cuando en cuando

De cuando en cuando y a lo lejos
hay que darse un baño de tumba.

Sin duda todo está muy bien
y todo está muy mal, sin duda.

Van y vienen los pasajeros,
crecen los niños y las calles,
por fin compramos la guitarra
que lloraba sola en la tienda.

Todo está bien, todo está mal.

Las copas se llenan y vuelven
naturalmente a estar vacías
y a veces en la madrugada,
se mueren misteriosamente.

Las copas y los que bebieron.

Hemos crecido tanto que ahora
no saludamos al vecino
y tantas mujeres nos aman
que no sabemos cómo hacerlo.

Qué ropas hermosas llevamos!
Y qué importantes opiniones!

Nicht zu hoch hinaus

Von Zeit zu Zeit und auf Distanz
sollte man ein Todesbad nehmen.

Zweifellos, alles ist recht gut,
und alles ist sehr schlecht, zweifellos.

Es kommen die Reisenden und gehen,
es wachsen die Kinder, die Straßen,
und schließlich kaufen wir die Guitarre,
die im Laden einsam weinte.

Alles ist gut, alles ist schlecht.

Die Gläser füllen sich und sind
ganz einfach wieder leer,
und manchmal, in der Frühe,
sterben sie geheimnisvoll.

Die Gläser und die sie leerten.

So groß sind wir geworden, daß wir
den Nachbar nicht mehr grüßen,
und so viele Frauen lieben uns,
daß wir nicht wissen, wie es schaffen.

Welch schöne Kleider wir doch tragen!
Und was für bedeutende Meinungen!

Conocí a un hombre amarillo
que se creía anaranjado
y a un negro vestido de rubio.

Se ven y se ven tantas cosas.

Vi festejados los ladrones
por caballeros impecables
y esto se pasaba en inglés,
y vi a los honrados, hambrientos
buscando pan en la basura.

Yo sé que no me cree nadie.
Pero lo he visto con mis ojos.

Hay que darse un baño de tumba
y desde la tierra cerrada
mirar hacia arriba el orgullo.

Entonces se aprende a medir.
Se aprende a hablar, se aprende a ser.
Tal vez no seremos tan locos,
tal vez no seremos tan cuerdos.
Aprenderemos a morir.
A ser barro, a no tener ojos.
A ser apellido olvidado.

Ich kannte einen gelben Menschen,
der sich für orangen hielt,
und einen Neger, ganz in Blond.

Es kommen, es schwinden Dinge soviel.

Ich sah die Diebe festlich empfangen
als tadellose Gentlemen
und das vollzog sich auf englisch,
und ich sah die Ehrlichen, Hungernden suchen
nach Brot auf dem Kehrichthaufen.

Ich weiß, mir glaubt es niemand.
Aber ich habe es mit eigenen Augen gesehn.

Man sollte ein Todesbad nehmen
und aus der zugedeckten Erde
nach oben blicken hin zum Stolz.

Dann lernte man das rechte Maß finden.
Lernte sprechen, lernte leben.
Vielleicht werden wir nicht so töricht sein.
Vielleicht werden wir nicht so weise sein.
Wir werden sterben lernen.
Staub sein, keine Augen haben.
Vergessener Name sein.

Hay unos poetas tan grandes
que no caben en una puerta
y unos negociantes veloces
que no recuerdan la pobreza.
Hay mujeres que no entrarán
por el ojo de una cebolla
y hay tantas cosas, tantas cosas,
y así son, y así no serán.

Si quieren no me crean nada.

Sólo quise enseñarles algo.

Yo soy profesor de la vida,
vago estudiante de la muerte
y si lo que sé no les sirve
no he dicho nada, sino todo.

Es gibt Dichter, so groß,
daß sie durch keine Tür gehen,
und erfahrene Geschäftsleute,
die sich der Armut nicht entsinnen.
Frauen gibt es, die nicht durch
ein Zwiebelaug eintreten werden,
und so viele Dinge sind, so viele Dinge,
und so ist es und so wird es nicht bleiben.

Wenn ihr wollt, glaubt mir nichts.

Ich wollte euch nur etwas weisen.

Professor bin ich des Lebens,
des Todes fahrender Student,
und wenn, was ich weiß, euch zu nichts dient,
ich habe nichts gesagt, wo nicht alles.

Ahora me dejen tranquilo

Ahora me dejen tranquilo.
Ahora se acostumbren sin mí.

Yo voy a cerrar los ojos.

Y sólo quiero cinco cosas,
cinco raíces preferidas.

Una es el amor sin fin.

Lo segundo es ver el otoño.
No puedo ser sin que las hojas
vuelen y vuelvan a la tierra.

Lo tercero es el grave invierno,
la lluvia que amé, la caricia
del fuego en el frío silvestre.

En cuarto lugar el verano
redondo como una sandía.

La quinta cosa son tus ojos.

Matilde mía, bienamada,
no quiero dormir sin tus ojos,
no quiero ser sin que me mires:

Bitte um Ruhe

Nun lasse man mich in Ruhe.
Nun mag man sich an mein Fernsein gewöhnen.

Ich will meine Augen verschließen.

Fünf Dinge nur will ich,
fünf tief in mir wurzelnde Vorlieben.

Eines ist die unendliche Liebe.

Das zweite, den Herbst erleben.
Ich kann, ohne daß Blätter
treiben und zur Erde kehren, nicht sein.

Das dritte ist der bittere Winter,
der Regen, den ich geliebt, des Feuers
Zärtlichkeit inmitten der grimmen Kälte.

An vierter Stelle der Sommer,
wie eine Wassermelone rund und voll.

Das fünfte sind deine Augen.

Mathilde, Heißgeliebte,
ich mag nicht schlafen ohne deine Augen,
mag nicht leben ohne deinen Blick:

yo cambio la primavera
por que tú me sigas mirando.

Amigos, eso es cuanto quiero.
Es casi nada y casi todo.

Ahora si quieren se vayan.

He vivido tanto que un día
tendrán que olvidarme por fuerza,
borrándome de la pizarra:
mi corazón fué interminable.

Pero porque pido silencio
no crean que voy a morirme:
me pasa todo lo contrario:
sucede que voy a vivirme.

Sucede que soy y que sigo.

No será pues sino que adentro
de mí crecerán cereales,
primero los granos que rompen
la tierra para ver la luz,
pero la madre tierra es oscura:
y dentro de mí soy oscuro:
soy como un pozo en cuyas aguas

Ich tauschte den Frühling ein,
damit du mich immer anblickst.

Freunde, das ist alles, was ich begehre.
Es ist fast nichts und doch fast alles.

Nun könnt ihr gehen, wenn ihr wollt.

Ich werde soviel gelebt haben, daß ihr mich
eines Tages zwangsläufig vergessen müßt
und mich auslöschen auf der Schiefertafel:
mein Herz war unendlich.

Aber da ich Ruhe verlange,
glaubt nicht, daß ich sterben will:
ganz das Gegenteil widerfährt mir:
ich werde anfangen zu leben.

Ich bin da und bleibe.

Jenes wird nicht sein, sondern in mir
wird Getreide wachsen,
zuerst das Samenkorn, das die Erde
durchbricht, um das Licht zu schauen,
doch die Mutter Erde ist dunkel:
und dunkel bin ich in meinem Innern:
ich bin wie ein Brunnen, in dessen Wasser

la noche deja sus estrellas
y sigue sola por el campo.

Se trata de que tanto he vivido
que quiero vivir otro tanto.

Nunca me sentí tan sonoro,
nunca he tenido tantos besos.

Ahora, como siempre, es temprano.
Vuela la luz con sus abejas.

Déjenme solo con el día.
Pido permiso para nacer.

die Nacht ihre Sterne beließ
und allein bleibt auf dem Felde.

Soviel wie ich lebte, soviel will ich
leben zum andern, darum geht es.

Nie zuvor fühlte ich so mich im Einklang,
nie zuvor hatte ich Küsse soviel.

Jetzt, wie immer, ist frühe Zeit.
Das Licht fliegt mit seinen Bienen.

Laßt mich allein mit dem Tag.
Gebt mir Urlaub, daß ich geboren werde.

Nachwort von Erich Arendt

Nerudas Dichtung ist ohne die Emanation seiner urzeitlichen Heimatlandschaft nicht denkbar. In einer Zone geboren, deren machtvolle Melancholie sich dem Kinde tief verwurzelte, erwuchsen ihm aus dieser Umwelt auch in frühesten Tagen schon Bilder und Chiffren, die in seinem Vers dereinst bestimmenden Platz einnehmen sollten. Von jener ursprünglichen Wildheit und düsteren Monotonie der araukanischen Provinz Cautín, wo Néftali Reyes Basualto (Neruda ist ein in der Jugend gewähltes Pseudonym) 1904 als Sohn eines Lokomotivführers in Parral zur Welt kam, ist sein ganzes Leben durchdrungen. Der Regen, die zersetzende Nässe, die ewige Feuchte symbolisieren sich ihm zum Inbegriff der Traurigkeit und des Lebensfeindlichen: »Der Süden ist ein von Wassern verschlungenes Roß ... von Schweigen umringt und Wurzeln.« Die Schwermut, die Einsamkeit von Urwald und Bergödnis des australen Chile prägen sein Wesen und geben bis ins Mannesalter seinem Gedicht Grundton und Atem.

Von Temuco aus, dem »letzten Herz Araukaniens«, wohin der Vater nach der Geburt des Sohnes übersiedelt (die Mutter war kurz nach dem Kindbett gestorben), begleitet er ihn auf den Fahrten mit dem Lastzug in die Wäldertiefen, in die Gebirgswelt, Freund bald der Männer des Zuges: verwegene Gestalten, Straßenarbeiter, Holzfäller, entlassene Zuchthäusler, Vagabunden, die in der Wildnis Steine brechen und verladen. Allein oder mit einem von ihnen durchstreift er die Wälder, entdeckt das erstaunliche Getier, Riesenspinnen, hartschalige Käfer, die nicht einmal unter der Last des

Jungen zerbrechen, den seltenen Vogellaut, sturmzerfetzte Rinden und Kronen, die Blüten, immer wieder die Blüten, ihm unvergeßliche Sinnbilder für das Schöne, das Zarte, das Wunder. Mit niesattem Auge, dem gierigen des Dichters, dringt der Zehnjährige, hingegeben und beobachtend, in das Schöpfungsreich. So vollzog sich, wie der Vierzigjährige schreibt, die Geburt des Dichters. Hier saugt sein Geist sich mit Wirklichkeit voll, und diese heißt: Regen, Rinde, Schlamm, die Haut der Dinge, ihr unvergänglicher Duft, heißt Raupe, Schmetterling, Stein (Chiffre der Dauer), heißt Tod und Überschwemmung, Stille des Holzes; heißt Liebe (die ersten Zeilen, die das Kind liest, sind Liebesbriefe und -karten aus der Truhe der Mutter, geschrieben von allen Enden der Welt an eine Maria Thielmann, Worte, die seine Phantasie Tag und Nacht bestürmen); heißt die Feuersbrunst, die Temuco in Asche legt, heißt das Gehämmer der Wolkenbrüche auf das Zinkdach seines aus frisch geschlagenen Stämmen erbauten Hauses, das aus allen Poren die Wildnis duftet, heißt das erschreckend jähe Licht vom nahen Vulkan Llaima, heißt das Menschengesicht, das der sanften, ernsten Stiefmutter und das der Männer, Arbeiter mit dem Lächeln im harten Gesicht, mit ihrem Spott, Männer ohne Glauben, heißt das noch warm getrunkene Blut der Schafe im Kreis der Erwachsenen und, selbstverständlich, die Gitarre, die oft eine ganze Woche lang beim Schlachtfest gespielte Gitarre, die ihm zum Zeichen wird für das dichterische Sein überhaupt. Heißt aber in all der erlebten

Unmittelbarkeit bereits Poesie: denn der Zehn-, der Zwölf-jährige überzieht Papier, Kartons und Wände mit einem nieversiegenden Strom von Gedichten, kindlichen Versen. Rudimentär blitzt in ihnen die Wirklichkeit auf, die noch dem späten, sogar dem polemischen Gedicht seinen sinnlich starken Gehalt und seine Symbolkraft gibt.

Hier, in seinem Jugendreich, gründet sich seine umfassende Natur, elementar wie die dortige Erde und voll der Wider-sprüchlichkeiten der *großen* Natur mit ihrer Weite und Gelassenheit, ihrer Intensität, Kühle, Abruptheit, ihrem unterirdischen Feuer. Selbst in den verwirrendsten Zeiten der Verfolgung und des politischen Einstehens löste er sich nie von diesen Quellen seiner Kraft. – Eingeengt von Sorge und wirtschaftlichen Nöten, war seine Kindheit doch unbe-schwert wie die jedes Kindes – »silbrig wie ein hurtiger Fisch im Wasser des Himmels« –, obwohl eine früh vor-handene namenlose Trauer, mit den Jahren sich verdichtend, diese Jugend umfing. In der Spannung zwischen der Ein-samkeit vor einem bezweifelten Dasein und seiner Neigung zu allem Ozeanischen, Tellurischen vollzog sich die ent-scheidende Entwicklung des Dichters. Bis in den heutigen Tag, immer sind des Meeres Vielgestalt, seine grüne zer-sprengende Kraft und weitgespannte Stille und Größe gegenwärtig da: »Druck und Traum und saphirene Krallen, o Beben von Salz und Löwen!« Aus seinem unbedingten Verwurzeltsein erwuchsen ihm Vision und Bestimmung.

Der Zwanzigjährige, nun Student der Literatur und Philosophie in der Hauptstadt Santiago, wird schnell das Haupt der modernen lateinamerikanischen Dichtung. Sein mit sechzehn Jahren konzipierter Gedichtband »Crepusculario« läßt, 1924 veröffentlicht, die ältere wie die jüngere Dichtergeneration Südamerikas aufhorchen: Hier, bei aller Anlehnung an Traditionelles, ist ein nie gehörter Ton vernehmbar, eine Kraft offenbar, die rücksichtslos in die Realität eindringt, die Dinge – auf dem Kontinent bisher nicht gewohnt – bei Namen nennt, sie in kühnen Bildern faßt: »... ihres Leibes Wölbung, geheim und geöffnet wie eine Frucht, eine Wunde.« Das großartige Dichtwerk Gabriela Mistrals mit seiner stark mythischen Gefühlswelt erscheint bald nur als Hintergrund zu dem zeitnäheren Gedicht Nerudas im Blickpunkt der intellektuellen Schichten Süd- und Mittelamerikas, die in seinen Versen sich und ihre Träume gespiegelt sehen, in Neruda ihren Dichter. Während eines Jahrzehnts sich akzentuierend, wird seine Stimme die dichterisch stärkste eines Kontinents. Dem »Crepusculario« folgen die »Zwanzig Liebesgedichte und ein Lied der Verzweiflung«. Ihre Grundmelodie ist Klage, in der Besessenheit des Herzens und der Sinne, Liebesklage um die letzte Unvereinbarkeit der Geschlechter. Aus ihrer Schönheit, ihrem Schmerz tönt noch einmal eine Art Glück auf in der Verlorenheit, die bereits alles einspinnt. Denn »Regen, Mond und Frühling«, die muß – bei der Entfremdung von Mensch und Natur hier in der Metropole – der Dichter allein in der eigensten Welt, in seiner Dichtung suchen oder in einer einsamen Zuneigung

zu den dunklen Gestalten der Tavernen, die einen Rest
Ursprünglichkeit bewahrten. Neruda erlebt die Entfrem-
dung des Menschen von sich selbst, seine Verdinglichung und
die Autonomie der Dingwelt in allen Beziehungen als den
unaufhaltsamen Zerfall des Seins, den unumschränkt herr-
schenden Tod. Dieses Grundgefühl stellen die ersten Gedichte
seines neuen Werkes in dichtgedrängten Variationen dar.
Zwei Jahre bevor er, ein Dreiundzwanzigjähriger, als kon-
sularischer Vertreter seiner Regierung in den fernen Orient
geschickt wird, beginnt er, noch in Santiago, sein erstes
Hauptwerk »Residencia en la tierra« – »Aufenthalt auf
Erden« – zu schreiben: ein einziges angsterfülltes Befragen
der menschlichen Existenz. Und selbst das erregende Leben
dann in Rangoon, Singapore, Djakarta, Ceylon und darauf
in Buenos Aires und Madrid steht unter dem Düster seines
Innenhimmels. Des Orients heftige Sinnlichkeiten, krasse
soziale Gegensätze, das mitleidlose Verkommen in den Kolo-
nialstädten Asiens (... »die schrecklichen Engländer, die ich
noch immer hasse,« – Tango des Witwers) verstärken nur
die eigene Verdüsterung, lassen in seinem Vers aber zugleich
grelle Schlaglichter aufscheinen, die die Unerbittlichkeit
menschlichen Daseins noch schärfer umreißen. Neue Wirk-
lichkeiten dringen unter die Haut, die mit den Jahren Eigen-
leben und Gewicht erlangen. Es wächst der »Abscheu vor
soviel Tod, der nicht hinblickt, vor soviel durch Rausch und
Unglück Versehrtem!« Wohl erschließen die Reize des Frem-
den, das offene Wanderleben ihm neue Bezüge zur Welt,

geben seiner Dichtung neue Stofflichkeiten, neue Bildkraft, verleihen ihm selber Weite und Spannung, wird das Schweifen ihm lebensnotwendig (oder war es von Kindheit an gegeben?) und ein unerläßlicher Quell seines Schaffens; doch bleibt die alles durchschattende Melancholie, die keine schöne Traurigkeit, keine Sehnsucht weiß, Grundmelodie dieses zweibändigen Werkes.

Das erste Gedicht »Toter Galopp«, eine kosmische Vision, schlägt das Thema an: Das Leben ein immanentes Chaos, ein fortwährendes gegenseitiges Durchdringen von blinden Lebens- und Todeskräften, eine Bewegung ohne Sinn, ohne Ziel, deren alleiniger Ausgang Vernichtung ist. Ein erschütterndes Erleben der Zeit, in der alles untergeht, spurlos, in der nur Zeitenflucht herrscht, die alle Dinge verbraucht. Dieses meint seine Forderung, eine »Dichtung zu schaffen, unrein wie ein von Speisen befleckter Körper«, dieses meint das geschaute Versehrtsein der Dinge selbst. Von Vers zu Vers verdichtet sich die Schwermut zu einer alles integrierenden Angst, die das letzte Gefühl, den letzten Gedanken durchdringt. Das Ziel allen Daseins – der Tod. Leben ist einzig, dem Tode entfliehen, wo jeder Fluchtschritt wiederum der nämliche Schritt des Todes ist, ein Akt des Todes selbst. Und jegliches Tun tötet die eigene Identität. Diese erschreckende Vision des selbstmörderischen Abmühens der Dinge und der Menschen, den Verlust ihres Eigenseins aufzuhalten, schafft einen radikalen Realismus, wie ihn bisher die gesamte Sprachwelt Lateinamerikas nicht kannte. Neruda stellt die Geschichtlichkeit der Dinge, ihr Benutztsein, ihr Abgenutztsein, die in jedem Gegenstand, in jeder Geste enthaltene große Desintegration des Seins in den Ablauf seines Gedichts, der nicht nach einem festgesetzten metrischen Maß geschieht. Der Tonfall allein, die Schwingung aus psychischen Spannungen, bestimmt die ungemeine Vielfalt und Modulation ausschließlich.

Ist im ersten Teil der »Residencia« der Auflösungsprozeß der Welt noch nicht als absolut gesetzt, tönt, vage noch, ein Reflex von Liebe hindurch, so ist im zweiten alles »ein Sterben dem Innern zu«; selbst in den drei »Cantos über Materien«, Lobpreisungen des Irdischen, des Holzes, der Sellerie, des Weins, rinnt am Ende die abgründige Materie Wein »auf der Suche nach Mündern trauriger Toter, um durch sie ins Blau der Erde zu gelangen, wo sich der Regen und die Abgeschiedenen vermengen«. Jedes Gedicht ein Dokument einer apokalyptisch gesehenen gottlosen Welt. – Der unaufhaltsame Prozeß der Selbstzerstörung aller Dinge, zur Welt seines Gefühls geworden, erfährt seine Gestaltgebung in der Darstellung eben dieses Gefühlsablaufs. Form und Struktur des Gedichts sind dieser Ablauf selber, im steten Wechsel von Dunkelheiten, Erhellungen, Ausbrüchen, Ballungen, in großrhythmischen oder in gedrängten Folgen. Mit dem Sog, dem Wirbel, dem Gefäll, dem Strömen seines Gefühls läßt er die heterogenen Dinge und Dingsymbole treiben, auftauchen, untergehen, schimmern, sich verdunkeln, die ihren unterirdischen Bedeutungsbezug allein aus der

Sphäre des Gefühls haben. Jede Verszeile schafft so die Objektivierung des Subjektiven. Zwischen des Dichters Hingegebensein und seinem Wort ist keine Distanz. Indem die geschlossene Einheit von Gefühl und Intuition erreicht wird, schafft die Innenwelt die neue dichterische Qualität. Nerudas Verszeile ist eine rhythmische Einheit, die ihren Glanz, ihren Bestand aus der *inneren* Ordnung der Bilder hat. Das Gedankliche hält sich, fast umrißlos, in der eigenen Schöpfungssphäre zurück, tritt nie in die bloß logische Zone des Bewußtseins, formt so ein Reich von Verborgenheit, unklassisch, untraditionell. Ein »Bauwerk« des Gefühls, das bewußte Deformierung will und das Fragmentarische, »Skizzenhafte« zum Stilelement erhebt, in dem Verb und Substantiv austauschbar werden: »... laßt uns erglühen und schweigen und Glocken.«

Gewiß, die »Residencia« steht nicht beziehungslos im literarischen Raum. Die Technik des Surrealismus von jenseits des Ozeans, dort zur gleichen Zeit die Geister Europas bewegend, Bretons, Aragons, Eluards Werk bestimmend, hat hier die Freiheitlichkeit der assoziativen Bildfolgen gestützt, hat den von Breton programmatisch geforderten Prosasatz in die Versfolge eingebaut: »Ein trauerumflorter Tag sinkt aus den Glocken ... ein Traum von ins Erdreich versunkenen Kirschen ... *Ich weiß nicht, ob man mich versteht:* wenn aus den Höhen die Nacht kommt ...« Auch der Glanz des Goldenen Zeitalters spanischer Dichtung leuchtet aus Nerudas Versen: Die Direktheit und Einfachheit der Verse Manriques auf den Tod seines Vaters, die strenge Schwermut Garcilasos, die Sprachvirtuosität und alles in sich einsaugende Verskraft Quevedos und vor allem die keine syntaktische, logische Regeln respektierenden Bildkühnheiten Góngoras, des »dunklen« der Soledades, haben in Nerudas »Residencia« ihr Echo gefunden, verjüngt, und haben zu neuen Wirklichkeiten des Poetischen geführt. Die an der Grenze der Logik lebende Metapher Góngoras erfährt eine Entwicklung zum völlig Alogischen im Sinngefüge: »Schweigen, das einhersprengt auf beinlosen Rossen« – »bis eine Landkarte aus Blut und überschwemmtem Haar die Höhlungen befleckt und das Dunkel« – »Wunde, in die bis in den Tod die blauen Gitarren stürzen«. Drei Metaphern, »unliterarisch«, alle angefüllt mit Wirklichkeitsstoff, die erschrecken, überwältigen. – Und weitere Ahnen seiner Dichtung? Er selber nennt Walt Whitman, nennt Lautréamont. Außerdem, sein Ohr kennt den Klang der altspanischen Romanzen, den harten Rhythmenschlag indianischer Gitarre, das direkte, kühne Lied der Straßenarbeiter, Matrosen, Vagabunden der pazifischen Häfen. Das indianische Erbe aber wird in seiner strahlenden Mächtigkeit erst im zweiten Hauptwerk, im »Canto General« – »Der Große Gesang« – ertönen.

Nerudas eigenmächtigen Stil in die Übersetzung zu übernehmen, bedeutet, sein Gerundium, das er oft als Ruhepunkt einer gewissen Besinnung in den drängenden Ablauf seiner Verse setzt, belassen, bedeutet, seine im Spanischen ungebräuchlichen Inversionen, die an die Pindar-Übertragungen

Hölderlins erinnern, mitzuübernehmen. Ein Versachlichen seines Stils, ein Verknappen zu einer aus einer technischen Zivilisation stammenden »Modernität«, hieße den Geist und die Eigenwelt von Nerudas Gedichten verfälschen, in denen das landschaftlich Elementare, genannt oder nur als Gefühlswelt mitschwingend, als ihr Untergrund immer da ist.

Zwischen der Vollendung der »Residencia« und der Konzipierung des »Canto General« fällt ein menschlich und dichterisch jäher Wandlungsprozeß, der uns erstmalig in seinem »España en el corazón« – »Spanien im Herzen« – entgegentritt. Konsul in Madrid, ist er 1936 mit seinen Dichterfreunden Rafael Alberti, Miguel Hernandez mitten in das Zeitgeschehen gestellt. García Lorca wird ihm sofort durch das Verbrechen genommen. Der spanische Bürgerkrieg gab der Welt wie selten unausweichlich die Alternative, sich zu entscheiden: Für die Verteidigung der Demokratie oder für die Unterstützung des nach Spanien vordringenden Faschismus. Und Neruda, der bisher ausweglos nur die Konfrontation des eigenen Lebens mit dem allgemeinen Zerfall und Tod erlitten, ergreift mit seinen Freunden die Partei des Lebens, den Kampf. Den Kampf für die Freiheit an der Seite des spanischen Volkes und seiner Republik. Derselbe Dichter, der zwei Jahre zuvor erst das verzweifeltste Liebesgedicht geschrieben hatte »Las furias y las penas«, wo es heißt: »Feindin mit gewaltigen Hüften, die mein Haar berührten mit dumpfem Tau, mit einer Zunge von Wasser; ungeachtet der stummen Zähne und der Augen Haß und der Schlacht

verendender Tiere, die das Vergessen hüten«... und als
Abschluß... »Es ist eine einsame Stunde, wie eine Ader
lang, und zwischen der ätzenden Säure und Geduld der zer-
furchten Zeit vergehen, die Silben trennend der Angst und
der Zärtlichkeit, wir, unendlich Vernichtete« – er schreibt
jetzt angesichts der Ruinen und des Blutes die bekennenden
Worte: »Wenn wir mit einem einzigen Blutstropfen doch
den Zorn der Welt auslöschen könnten, das aber vermögen
einzig und allein der Kampf und das entschlossene Herz.«
Und Nerudas Herz pocht seine erste Stunde der Hoffnung.
Mitten in diesem ungleichen zähen Ringen zwischen einem
schlecht bewaffneten Volk und einer übermächtigen gepan-
zerten Invasion setzt er als Zeugnis einer großen Bestim-
mung für den Menschen die Verse: ... »dein entscheidender
Stern schlägt seine rauhen Strahlen tief in den Tod: und er
gründet die neuen Augen der Hoffnung.« Worte zu allen
gesprochen, doch auch zu sich selber. Es bedurfte dieses Blitz-
schlags in das verdüsterte Land seines Innern, um ihm alles,
was er an realem Leid in der Welt, an hochfahrender Grau-
samkeit im Orient und an Entwürdigung der im Elend
dahindämmernden Indiovölker gesehen, brennend bewußt
zu machen und ins Zentrum seiner Dichtung zu stellen. Wir
Europäer können uns kein Bild machen von dem Ausmaß
der Leiden der Peone der Anden, der Salpetersteppen, der
Ausgestoßenen in den Vorstädten jener Häfen. Von der Aus-
weglosigkeit, von dieser vierhundertjährigen Lethargie.
Neruda, der das Schattendasein seines Volkes seit Kindheit

vor Augen gehabt, grausam, einer Naturkraft gleich, stellt sich jetzt an die Seite der Armen, wird *ihr* Dichter. In seine Heimat zurückgekehrt, tritt er in die Kommunistische Partei Chiles ein, nachdem er bereits 1943 mit Hilfe ihrer Stimmen als Senator in das Parlament gewählt worden war. Ein Akt, der aus keiner theoretischen Auseinandersetzung hervorging, sondern der natürliche Abschluß eines menschlichen Prozesses war, vorbereitet in Parral, in Birma, in Indien, in Java, wo er die »Armut als ein Geschwür unserer Zeit« erkannte. Von nun ab nennt er es bei Namen, da er »das Verbrechen auf dem Thron, nicht im einfachen Volke« fand. Sein Gedicht – Richtspruch in einem kontinentalen Unrecht – trägt ihm die Feindschaft des chilenischen Präsidenten Videla ein, dessen sozialen Verrat und Schreckensregiment es anprangert. Neruda wird für vogelfrei erklärt, ein Kopfpreis ausgesetzt. Er flüchtet durch sein Land, von der politischen Polizei verfolgt.

Von Haus zu Haus von den einfachen Menschen seines Landes weitergereicht, verborgen, beschützt, schreibt er auf dieser Flucht in den Verstecken sein bedeutendstes Werk, den »Canto General«. Die Epopöe eines ganzen Erdteils. Die Kosmographie von Anden und Meer, Urwald und Steppe, von Pflanze, Tier, Muschel, Sand. Visionstarke Naturphilosophie als Kontrapunkt gesetzt zu T. S. Eliots Weltsicht. Trauerekloge über das Sterben der alten Völker. Das blutige Drama der Conquista. Das Heldengedicht des Widerstands, der Empörung all der Völker Amerikas. Preislied der geistigen und politischen Befreier. Das Epos der nationalen Freiheitskriege. Aufruf und Verdammung, Rühmung und Bannspruch, Nennung des Verbrechens, Feier der Natur und des stolzen, des tragischen, des gütigen Menschenwesens, von Geschichtsbeginn an bis in die gegenwärtige Stunde. Eines der überragenden Dichtwerke unserer Epoche, im hohen Rang der epischen Gesänge von Saint-John Perse. Ein harter Glanz geht von diesen Versen aus. Und wo es leuchtet – ganze große Kapitel, eine Unzahl von Gedichten haben die gleiche Intensität –, da ist dieses Werk reicher und dichter an Substanz, geschlossener als die »Residencia«, und die geistige Spannweite und Kraft umfassender, profiliert zu strahlender Plastizität. Nerudas elementarische Natur und die klare Historizität seines Denkens wie das untergründige Strömen seines »dunklen« Blutes wirken zusammen das Gelingen – phänomenal und einfach zugleich – dieses Zeiten- und Erdräume umspannenden Gesanges. Nur wo er, der poète engagé – hauptsächlich in der Gegenwartsthematik – sein Gedicht ins Polemische treibt oder sein Enthusiasmus, seine Empörung nicht die dichterische Distanz und Umsetzung erfahren, verlieren manche Strophen an Dichte, sind sie nicht Zeugnis seines dichterischen Ingeniums, der auch Zorn und Spott sonst als schöpferische Elemente hat. Dieses zeitweilige Heraustreten aus dem eigentlichen Zentrum künstlerischen Schaffens in den bloßen Gesinnungsbereich schmälert das Gesamtwerk des »Großen Gesanges« kaum. Die mißlungenen Gestaltungen lagern in dieser großartigen dichterischen Kosmographie, die eine Welt voller schwindelerregender Höhen, breitlagernder majestätischer Massive, voller Abgründe und reißender Ströme ist, wie Untiefen einer ozeanischen Flut. Der »Canto General« ist eine leidenschaftliche, denkerische und handelnde Dichtung, er will dem versklavten Kontinent zu erneuter Geburt, zu seiner endlichen Freiheit verhelfen. Er ist Anruf und Beschwörung, endgültige Nennung, schöpferische Namengebung (»Siderischer Adler«), die das Objekt einkreist, bis man an seinen Kern gelangt, den poetischen. Die Bildkühnheiten des Canto haben innersten Bezug zu Andengestalt, zu Andenwelt, zur lapidaren Grausamkeit dieser Natur, zu dem erschreckenden Dunkel des historischen Verbrechens, zu maßlosem Blutvergießen und zu einer grenzenlosen Liebe für sein Land und den leidenden Menschen.

Ihm, Neruda, ist Dichten ein natürliches Verhalten zu allen Erscheinungen der Welt; so wie er als Kind Papier und Kartons mit Versen bedeckte, so wird heute ihm noch jeder Gegenstand, jedes Geschehen Nötigung zum Vers. Wer ihn seine Strophen sprechen gehört hat, ist überrascht von der Einfachheit des noch schwierigsten Bildes. Und man begreift, wie selbstverständlich seine Natur arbeitet unter dem Gebot seines künstlerischen Willens und in einer Weltsicht, die das Schöpferische in allem erkennt und ersehnt.

Nachdem es Neruda 1949 gelingt, aus seinem Lande zu entkommen, werden seine nächsten Jahre ein unstetes Exildasein. Nach Aufenthalten in Frankreich und Italien wird er

Gast der sozialistischen Länder Europas und Asiens. Er nimmt teil an Kongressen, gibt Konferenzen, liest aus seinem in Europa noch gänzlich unbekannten Werk. 1951 taucht er bei den Weltfestspielen in Berlin auf, gefeiert, und hat bei der Verteilung der Literaturpreise entscheidende Stimme; in Moskau bei der Verleihung der Weltfriedenspreise, nachdem er selber ihn erhielt, hat sein Wort Gewicht. Langsam findet seine Dichtung durch verschiedene Übertragungen des »Canto General« auch in Europa Resonanz. Immer schon angerührt, wenn in entlegenen Indiodörfern Südamerikas einfache, des Lesens unkundige Menschen seine Gedichte auswendig wußten, bestimmt ihn der ständige Kontakt mit der Jugend und den Massen Europas nun, die Allgemeinverständlichkeit seines Verses sich als formales Ziel zu setzen. Frucht dieser Vornahme und seines Wanderlebens ist eine Fülle von Gedichten, die in den Bänden »Las uvas y el viento« – »Die Trauben und der Wind« – und »Odas Elementales« – »Elementare Oden«, einem dreibändigen Werk, zusammengefaßt sind.

Einfachheit des dichterischen Wortes wird seit den vierziger Jahren in der gesamten spanischen Dichterwelt erstrebt, in der älteren Generation (Vicente Aleixandre, Jorge Guillén) wie in der jüngeren, die ihr Vorbild nicht mehr in Lorca sieht sondern in Antonio Machado. Neruda geht über die Zielsetzung der spanischen Moderne hinaus; er möchte mit seinem Vers noch den Letzten erreichen, verändern und versucht, alles Irrationale, das Dichtung eignet, ins vernunftvoll

Helle zu transponieren. Waren seine Residencia en la tierra, España en el corazón und der Canto General Werke, die zu ihrem Erfassen ein Vertrautsein mit Dichtung voraussetzten oder Kunstverstand, so soll der jetzige Vers, frei von Geheimnis und Dunkelheit, den Verfremdungszeichen der Gefühls- und Unterbewußtseinsschichten, ganz aus schlichten Worten auf den Menschen wirken. Alogische Bildkühnheit, Chiffre, Verkürzung, Inversion, Mittel seines früheren Schaffens, werden jetzt abgelöst von Direktheit, sich wiederholenden einfachen Metaphern von leichter Zugänglichkeit. Viele Gedichte in »Las uvas y el viento« und manche seines Odenwerks sind somit von geringerer poetischer Kraft als die Gesänge des Canto General. Sehr schön konzipierte Oden erhalten durch einen von vornherein feststehenden Gedankenschluß eine gewisse Monotonie und Simplizität. Poetische Substanz und dichterischer Einfall verlaufen, um der restlosen Allgemeinverständlichkeit willen, ins Breite, trotz mancher Schönheit und Bildhaftigkeit der Sprache, die noch immer das Signum Nerudas trägt. Seine unerschöpfliche Begabung, die tiefe Irrationalität seines Gefühls aber setzen sich in vielen Gedichten des mehr als sechshundertseitigen Odenwerkes selbstherrlich durch, vornehmlich, wo Natur im kosmisch Großen wie im einzelnen Ding, sei es Pflanze, Stein oder Tier, wieder Gegenstand des Gesanges ist oder seine junge Liebe. Mit ihr, und umgeben von seinen Muscheln, phantastischen Steinen und einer Welt von Käfern, lebt er in Isla Negra am Pazifischen Ozean lange

Zeiten des Jahres. Die vergessenen, mißachteten Dinge des Lebens und der Natur gewinnen in den sie rühmenden Strophen wieder neuen Glanz. Die Oden sind in ihren besten Stücken Loblied der Schöpfung auch in ihrem geringsten Objekt, sind geheimnisvoll offen, lassen in ihrer Transparenz die Kräfte und die Schönheit des Universums aufschimmern, schlicht wie in den Spätversen Jorge Guilléns.

Im bedeutenden Dichtwerk seiner letzten Schaffensperiode, im »Estravagario«, ist die einst programmatisch gesetzte Einfachheit ihm Natur geworden. Hier regiert der poetische Einfall wieder das Wort. Und ein neues Element ist hinzugekommen, ein milder, weltverstehender Humor. Weltverständnis und Humor, der alles durchleuchtet, vor Entartung und Minderung des Menschen doch keine Schwäche kennt: Humor als moralische Qualität. Wieder ist die existentielle Situation, Verdinglichung, Tod, Schöpfung, Thema des Gedichts, nun nicht mehr als des Menschen ausweglose tragische Position. Der Tod nun ist lebenszugehörig. Die Residencia hat thematisch und formal ihr polares »Gegen«-gedicht erhalten. Die eigene Existenz des Dichters wieder ist Vorwurf des Gedichts, aber unter der Wachheit eines Auges, das die Situation der Welt nicht aus dem Blickfeld läßt. Die Leichtigkeit eines Verses ist erreicht, der bei seinem Ethos die Fähigkeit hat, zu schweben, zu bezaubern.

Erich Arendt

Bibliothek Suhrkamp
Verzeichnis der letzten Nummern